**América Latina
y la guerra global**

Primera edición, 2004

Subirats, Eduardo, (coord.)
    América Latina y la guerra global / coordinador Eduardo
Subirats. – México : FCE, ITESM, 2004
    197 p. ; 21×13 cm – (Colec. Cátedra Alfonso Reyes)
Contiene textos de: Erna von der Walde, Carlos Monsiváis,
Lúcio Flavio Pinto, Margarita Serje, Antonio Risério, Alejan-
dro Moreano y Adolfo Gilly
    ISBN 968-16-7280-1

    1. Globalización – Guerra 2. Guerra I. Walde, Erna von
der II. Monsiváis, Carlos III. Pinto, Lúcio Flavio IV. Serje,
Margarita V. Risério, Antonio VI. Moreano, Alejandro VII.
Gilly, Adolfo VIII. Ser IX. t

LC JZ1318   Dewey 337.1 S869a

Traducción del portugués: Juan Sebastián Cárdenas
Diseño de portada: Leo García Navarro
Tipografía: Anormi, S. L.

ISBN 968-16-7280-1

AMÉRICA LATINA Y LA GUERRA GLOBAL

Erna von der Walde
Carlos Monsiváis
Lúcio Flávio Pinto
Margarita Serje
Antònio Risério
Alejandro Moreano
Eduardo Subirats
Adolfo Gilly

Eduardo Subirats
(coordinador)

TECNOLÓGICO
DE MONTERREY®

DECLARACIÓN DE LA CIUDAD DE MÉXICO

La guerra de Irak ha trastornado al mundo con su despliegue de armas de destrucción masiva, su devastación de ciudades, su soberbia voluntad hegemónica mundial, la cínica manipulación corporativa de la información a escala global y su desprecio prepotente hacia culturas, religiones y formas de vida ajenas a los valores de la cultura posmoderna. Esta guerra ha puesto también de manifiesto las amenazas que se ciernen sobre el futuro de la humanidad. Ha activado un sistema de control totalitario en la sociedad estadunidense, con desapariciones, encarcelamientos ilegales, la deportación de miles de seres humanos en una época de recesión económica y un sistema de vigilancia electrónica que no ha dejado inmune un sólo átomo social, en un aterrador cuadro orwelliano. Es una guerra que ha desencadenado un sistema mundial de control y censura de la información monopolizada por los grandes canales globales, que no se ha detenido ante el asesinato de periodistas independientes en una Bagdad militarmente asediada, ni en el uso mediático del terrorismo como instrumento de chantaje social, ni en las retóricas de una torpe propaganda de guerra. Y ha revelado el esplendor de la civilización posmoderna como sistema de terror universal llamado a diseminar la corrupción política, la miseria social y la violencia, en nombre de una democracia mediáticamente degradada, un multiculturalismo y un feminismo propagandísticamente adulterados y de un principio de libertad políticamente identificado con un poder total.

Es preciso recordar los signos históricos que rodean a esta guerra. Sus estrategias parten de la escasez creciente de los recursos naturales como causa de presentes y futuros conflictos regionales y globales entre las naciones: hoy petróleo y minerales, mañana «zonas verdes» y agua. Para ser más precisos parte de una escasez de recursos naturales, especialmente del petróleo, como el origen del conflicto entre las naciones desarrolladas o ricas y el resto del mundo, es decir, aquellas poblaciones mediática y políticamente definidas bajo la categoría derogatoria de Tercer Mundo. Esta crisis pone de manifiesto un concepto de desarrollo de la sociedad postindustrial centrado en el monopolio exclusivo de las fuentes energéticas del planeta, hasta su completa extinción en el plazo previsto de una o a lo sumo dos generaciones. Al mismo tiempo, las guerras de Kosovo, Afganistán e Irak, quizás las de Colombia e Irán el día de mañana, son representadas como operaciones quirúrgicas de devastación destinadas a crear los espacios virtuales para la financiación corporativa de su reconstrucción, con el subsiguiente endeudamiento de sus pueblos bajo el último objetivo de expoliar sus riquezas naturales.

En nombre de la guerra global y de la seudónima guerra contra el mal y el terrorismo, no solamente se dan por sentadas las infranqueables barreras militares, económicas y tecnológicas que separan a las naciones postindustriales de un submundo políticamente degradado por las estrategias globales de expolio indiscriminado. Su objetivo político implícito es profundizar estas diferencias, volverlas irreversibles y llevarlas a una situación explosiva y terminal. Su final último es radicalizar estos conflictos como última legitimación de una militarización a escala planetaria. Afganistán, Colombia e Irak constituyen en este sentido modelos de territorios devastados militar y económicamente a lo largo de un proceso que ha durado décadas, con un balance de millones de víctimas bajo la acción directa de los ataques, de la contaminación bioquímica y nuclear, de la subsiguiente desintegración social y de los desplazamientos humanos masivos. Y con la ruina irreparable de legados culturales milenarios como última consecuencia. El panorama mundial de prácticamente 1 000 millones de seres humanos en el Tercer Mundo, expuestos a una agonía estadísticamente naturalizada y financieramente programada por bancos y corporaciones mundiales, cierra el horizonte histórico de esta crisis y anuncia para todos un futuro indudablemente peor.

La guerra global se funda en una nueva generación de aparatos de destrucción masiva, cuyas tecnologías nucleares y químico-biológicas cuentan por millones sus víctimas humanas, llamadas daños colaterales, y cuyos efectos ecológicamente devastadores son irreversibles. Pero están basadas, al mismo tiempo, en una movilización electrónica total a través de los monopolios de la información global. La propaganda de guerra y la inducción mediática de una violencia difusa, el apoyo a gobiernos corruptos y el desmantelamiento de las instituciones globales democráticas, desde las Naciones Unidas hasta las organizaciones informativas independientes, trazan las ostensibles directrices de un nuevo totalitarismo mundial. Un totalitarismo cuyas estrategias han sido solapadas hasta hoy bajo las categorías blandas del multiculturalismo neoliberal, el culto posmoderno de los simulacros electrónicos y las retóricas poshistóricas de una nueva era de poderes descentralizados y un capitalismo deconstructivista.

Estas guerras, que hoy se extienden de Irak a Afganistán, y de Colombia a África y Asia, sin un final previsible en el tiempo y sin límites en el espacio, no solamente ponen de manifiesto el descarrilamiento del modelo neoliberal de desarrollo económico y la globalización, a lo largo un proceso continuado de violencia militar y desintegración social. Sus estrategias comprenden, antes que nada, la destrucción masiva de ecosistemas regionales, el calentamiento global indefinido y el empobrecimiento letal de cientos de millones de personas en el Tercer Mundo. Su última y fatal consecuencia será la diseminación de la violencia a una escala todavía más intensa de la que conocemos hoy. Una violencia mediática y militarmente organizada, difundida a lo largo de una variada gama de expresiones que comprenden desde las acciones criminales de ejércitos privados, corporativamente subvencionados, como los que operan en Colombia y en amplias zonas de África, hasta los misiles de alta precisión con ojivas radioactivas y efectos letales irreversibles.

La guerra global concluye la desarticulación posmoderna de los grandes discursos históricos del pasado, desde los valores emancipatorios de las revoluciones europeas modernas, hasta los mismos valores humanistas y democráticos fundacionales de la Constitución estadunidense, en cuyo nombre, sin embargo, ha sido declarada. Y señala un vaciamiento espiritual largamente anunciado en la literatura, el arte y la filosofía del siglo XX. Por eso su significado histórico no puede reducirse a las categorías de una recesión económica mundial, de los subsiguientes desequilibrios sociales y políticos a escala regional o global o a su fuga política a través de aventuras de destrucción militar masiva. Estas guerras significan el derrumbe del concepto moderno y posmoderno de civilización.

La escala inhumana de sus estrategias de devastación y escarnio, vigilancia civil y terror global ha provocado un rechazo generalizado y rotundo en todo el planeta. Estas protestas civiles han retomado aquellos objetivos humanitarios que en su día se levantaron contra el holocausto nuclear de Hiroshima y Nagasaki con el que se inauguró el proyecto militar y político de un imperio nuclear postindustrial. Y han congregado los legados de resistencia mundial contra los genocidios de Vietnam y América Latina perpetrados bajo la misma voluntad imperial. La energía social de esta respuesta global de la humanidad ha inspirado y sigue inspirando nuevos modelos alternativos de supervivencia planetaria, libres de los poderes y chantajes de las grandes corporaciones alimentarias, energéticas, químicas y culturales. En torno a su resistencia contra la militarización del planeta se han formulado, asimismo, alternativas sociales y políticas de una auténtica democracia civil y se ha planteado la inexorable necesidad de una diversificación de la información y el conocimiento. En torno a estas protestas y a la creatividad intelectual que las acompaña ha cristalizado una solidaridad humana a escala mundial, nueva en cuanto a su magnitud y alcance y nueva en cuanto a sus fines espirituales.

Declaración pronunciada en el Congreso
América Latina y la Guerra Global
Ciudad de México, 28 de marzo de 2003

1. EL SECUESTRO DE LA PALABRA

Erna von der Walde

«La guerra es la paz», «La libertad es esclavitud», «La ignorancia es la fuerza». Estos son los tres lemas que sintetizan la labor del Ministerio de la Verdad en la famosa novela *1984* de George Orwell. Este ministerio es el encargado de difundir el pensamiento verdadero del imperio de Oceanía, comprometido en una guerra de baja intensidad, sin fin previsible, contra el otro imperio global. Su labor sobre el lenguaje consiste en reducirlo de tal manera que sólo se puedan expresar con él las ideas que le convienen a Big Brother. En la novela éste es el tirano que rige sobre las mentes, los cuerpos, los sentimientos de todos los habitantes y quien los observa permanentemente, o por lo menos crea la ilusión de que están siendo observados.

Usar la internet para establecer la recurrencia de un término no es un método muy científico. Sin embargo me parece significativo que a partir del 11 de septiembre de 2001 hayan aparecido más de nueve mil páginas en inglés en las que se retoman los lemas del Ministerio de la Verdad. No las he revisado todas, por supuesto. Pero un rápido vistazo a más de un centenar de ellas me permite afirmar que hay una seria preocupación por lo que pueden significar los términos que adornan el lenguaje de los políticos y su repetición sistemática e irreflexiva por parte de los medios.

«Guerra contra el terrorismo», «eje del mal», «daño colateral», «justicia infinita», «guerra de las civilizaciones», «ataque preventivo», aparecen por centenares en los periódicos de todo el planeta. Califican y designan supuestamente algunas de las realidades del mundo en que vivimos. Y eluden toda definición sistemática. No por ello, sin embargo, dejan de crear la sensación de que otras visiones, otras formas de pensar lo que está sucediendo, están completamente desfasadas de la realidad.

«Economía de mercado», por ejemplo, entró a sustituir el viejo término «capitalismo». Y como bien señala el economista J. K. Galbraith –quien, como bien sabemos, no está planteando una revolución socialista– esta sustitución no es para nada inocente. Lo que hace el nuevo término es inventar la economía como una pulsión de fuerzas comparables con las naturales y ocultar con ello a quienes mueven la maquinaria, a los capitalistas. Pero no sólo oculta. Con esta operación lingüística se consigue plantear el orden económico imperante como la única forma posible. Al deshacerse de la idea del capitalismo, la idea de socialismo, comunismo o cualquier alternativa pensable queda flotando en el vacío, sin contraparte en el debate. Al poner un velo sobre el capitalista y su actuar en el mundo, las categorías de otros actores sociales dentro de los órdenes del mercado, aquellos espacios que ocupaban los explotados por éste, el trabajador, el obrero, desaparecen del panorama.

No en vano «economía de mercado» viene de la mano de «globalización», ese ente abstracto que supuestamente define un nuevo estar en el mundo lleno de promesas de bienestar y prosperidad. Ahora todos somos meras fuerzas en un sistema de pulsiones, se trate de Bill Gates o del pordiosero de Bombay, tan sometidos a terremotos como a crisis en la bolsa de valores. Por supuesto, detalles como el sida, las sistemáticas hambrunas, las epidemias de enfermedades cuya prevención requiere una diezmillonésima parte del presupuesto militar, no entran dentro del cálculo. Otra forma del silencio los recubre.

Una buena parte de estos términos eluden incluso la lógica: decir «economía de mercado» es, efectivamente, redundante. Lo que define el espacio de lo económico, en cualquier formación social que podamos imaginarnos, es el mercado. Ya sea en forma de trueque, de intercambio de mercancías o a través de la abstracción moderna del dinero, no es posible pensar las interacciones de lo social, desde que existen sociedades sobre este planeta, sin mercados. Pero la apropiación del término para una sola y única formación y un único y posible funcionamiento del mismo, secuestra el uso de la palabra.

«Guerra contra el terrorismo» es, dentro de la lógica formal, una *contradictio in adjecto*. Las guerras suponen el reconocimiento del otro como un ente con el mismo estatuto político. No puede declararse una guerra contra quienes han sido descalificados políticamente para el uso de la violencia. Las guerras, en términos históricos, son conflictos entre unidades políticas o Estados que se encuentran en términos de equivalencia. Tampoco fue una guerra la batalla que se libró en Irak. En términos estrictos, se trata de una invasión.

«Democracia» y «libertad» se han convertido en un arma para la imposición de la tiranía global. Hasta dónde ha llegado la degradación de los contenidos puede verse en la sensación de desencanto y desespero que produce esto en quienes se han servido de tales contenidos para defender y luchar por causas muy distintas a las que hoy se promueven bajo esos términos.

Debatir estos puntos parece un ejercicio académico relegado a las discusiones entre lingüistas que desean imponer su autoridad sobre los procesos de significación. Las promesas de la posmodernidad de emancipar el significado de lo humano y lo divino de las constricciones que imponían los metarrelatos, lejos de haber brindado un mundo lleno de seres libres, terminaron por aliarse con la única liberación que se ha producido en ese sentido: la del poder ante las restricciones del sentido. La diseminación de términos que no tienen obligación de referirse a realidades concretas, la proliferación de figuras retóricas que no le deben nada a los referentes de la realidad, crea efectivamente una visión del mundo como una construcción virtual. La economía se mueve en las computadoras de las oficinas de Wall Street, la información puede ser simulada en los estudios de CNN, la sociedad se fragmenta en nichos de mercado organizados a través de consignas identitarias que se han convertido en los ejes de administración de la diferencia. La realidad se convierte en un dato incómodo y prescindible.

Desde luego no quiero decir con esto que la realidad no haya cambiado y que sólo estemos enfrentados a una revolución terminológica. A lo que me refiero es a una doble operación. Al mismo tiempo que se han producido transformaciones significativas, se ha adoptado una forma de lenguaje para dar razón de lo que ellas son y de lo que producen, una forma de lenguaje que consigue moverse en un espacio de significación flotante, una creación de términos cuyos referentes han de ser más o menos imaginados por los receptores.

Las construcciones parecen metafóricas. Hablar de flujos e ilustrar con imágenes de lo líquido el movimiento de dinero, información o personas, es una metáfora. Incluso «globalización» tiene fuertes cargas metafóricas, en la medida en que se apoya en la percepción astronómica del planeta como una totalidad. En cada una de estas metáforas va implícito el término al cual se contrapone. Los flujos y su imagen líquida operan por contraste implícito con una visión de la economía y de la comunicación, de la población, como ancladas y solidificadas en lo material, en lo territorial. El globo, como concepción espacial brinda una imagen según la cual las contrapartes de diferenciación son Venus y Marte, Urano y Saturno. Con ello se cancelan o se ponen en suspenso otras diferenciaciones.

Pero más que como metáforas, aun cuando acuden a ellas, estas construcciones operan en realidad como alegorías. La metáfora establece una conexión que remite a lo sensorial y lo material. Su significación no está mediada, es decir, no requiere interpretación. La alegoría, en cambio, procede de una abstracción y luego inventa algo palpable que la represente. En este sentido, la «globalización», a pesar de valerse de una metáfora, opera como una alegoría: es una abstracción que funciona más como proyección del mundo como se imagina que como descripción del mundo como es, y que nos obliga a ordenar lo realmente existente dentro de sus términos. De ahí que nos encontremos sin vocabulario para la pobreza, la indigencia, la abyección en la que viven millones de seres sobre este planeta. El discurso no los cubre, no admite espacios para su inserción. Pero no por las promesas del sistema, sino por la retórica que lo sustenta: nos quedamos sin nombre para los excluidos, puesto que el sistema se presenta como de inclusión absoluta y sin exterioridad posible.

La ambigüedad con la que se manejan los términos, la falta de consistencia y precisión, la carencia de una elaboración que exponga los elementos diferenciales de un concepto, todo ello facilita operaciones de enunciación en las que se confunde fácilmente el diagnóstico con el pronóstico, sin que quede muy claro cuál es cuál. Un discurso en el que debemos analizar los silencios y los vacíos.

El discurso que supuestamente da razón de la totalidad se mueve con absoluta libertad en relación con los referentes de la experiencia vivida de los individuos en el planeta. Apunta a la imposición de un «sentido común» que no consigue ser rebatido por el común sentido de cómo se vive la realidad económica y social del mundo. La globalización, al mismo tiempo que supuestamente nos aglutina a todos bajo un mismo movimiento centrípeto, nos lanza en direcciones diversas en un sentido centrífugo.

Desde luego estos puntos pueden considerarse meros ejercicios retóricos y escolásticos, sino fuera por la fuerza con la que estos usos del lenguaje y de las ideas van penetrando las formas de interpretar el mundo en el que nos encontramos. Se predica una visión «global» en la que las fragmentaciones que solían hacerse en términos geográficos, de Primer y Tercer Mundo, parecieran disolverse. Lo que producen en realidad es el vacío y el silencio para todo aquello que no queda cubierto por el discurso. Quienes no gozan de sus beneficios quedan ubicados en una temporalidad suspendida: están en el «todavía no», con la vaga promesa del «algún día» en el que serán bañados por todos los regalos de la prosperidad. El pasado se cancela como aquel período de falsas visiones de futuro. El futuro se convierte apenas en la proyección de la expansión espacial del presente. El presente está en el mundo de la saciedad *(sic)* postindustrial.

Discursos cómplices, complicidades discursivas

Pocos días después de los ataques terroristas a las Torres Gemelas en Nueva York y al Pentágono en Washington, Néstor García Canclini se preguntaba «si en la última semana no habrán envejecido nuestros textos».[1] Pareciera que pensar la democracia, la ciudadanía, la cultura fueran ejercicios marginales respecto a la realidad que nos presentaba ese momento en el que las fuerzas que se dispersaban por el planeta encontraron cristalización en un solo y único factor: la guerra contra el terrorismo. Un ataque a la mayor y más firme democracia del mundo ponía en suspenso todo lo que veníamos construyendo. Un solo y único foco reorganizaba todo alrededor de sí mismo. En ese proceso sólo las visiones apocalípticas podrían tener sentido.[2]

---

1. «Pensar en medio de la tormenta», en Jesús Martín-Barbero, coordinador, *Imaginarios de nación: pensar en medio de la tormenta*, Cuadernos de la Nación. Bogotá: Ministerio de Cultura, 2001.   2. No sólo hay una visión apocalíptica en los términos que plantean a esta guerra como una cruzada de «justicia infinita», una lucha entre el bien y el mal. También las visiones que ven en la

En medio de la diseminación y dispersión de los sentidos de lo social, de las incomunicabilidades que atraviesan los discursos, del caos posmoderno y la fluidez de los sentidos, la aparición de un punto nodal que condense todos a su alrededor parece casi un alivio. Todo se ordena como proveniente de ese movimiento o se dirige hacia él. La guerra se hace global, no sólo porque toca a todos, sino porque todo significado busca organizarse, subsumirse, anexarse a aquel punto que parece ser el que otorga el orden de significación: se está a favor o en contra; se es amigo o enemigo; se es bueno o malo; se es víctima real o potencial de los buenos o de los malos. Un claro eje –¿el del mal?– divide a la humanidad en dos. La libertad se reduce a la opción de elegir entre uno y otro cuando, de hecho, se trata de falsas alternativas.

¿Qué sentido puede tener oponernos a esta visión maniquea del mundo clamando por la libertad de expresión y el respeto a los derechos humanos, cuando quienes más han propugnado estas ideas –quienes considerábamos los supuestos aliados tácitos en todo intento de hacerlos valer– son los que ahora cuestionan su validez universal?[3] No basta con señalar el cinismo de los nuevos amos del mundo; tampoco con señalarles las contradicciones en las que incurren. Pero llamarles la atención sobre el hecho de que es una contradicción «imponer democracias», como claman que desean hacer en el Medio Oriente, es un primer paso. Es importante recordarles en todo momento que ellos mismos ignoraron el clamor de las masas que marcharon el 15 de febrero del 2003 protestando contra

máquina de guerra que despliega el imperio una avanzada indestructible, una especie de destrucción sistemática de todo, sucumben a esa misma mirada apocalíptica. En las zonas grises que no quedan cubiertas por estos dos extremos absolutos está el territorio de la vida. Por supuesto, en el escenario posible de que siga siendo este reino del Apocalipsis el que decida cómo ha de plantearse el futuro del mundo, el expolio del planeta y de sus gentes pasa a ser un factor menor. El Apocalipsis es, al fin y al cabo, una fantasía de la muerte para combatir el hecho ineludible de la muerte, un deseo de que el fin del mundo llegue ahora, de que no continúe sin mí. En el vaciamiento posmoderno de todos aquellos elementos que dotaban a la vida de una razón trascendente pareciera intensificarse este deseo de la muerte, esta cancelación del futuro.   **3.** Dos manifestaciones que no son meramente anecdóticas de este cuestionamiento son los debates en los Estados Unidos sobre la posibilidad de legalizar la tortura y la idea de establecer una agencia de «desinformación».

su guerra; señalarles cada uno de los abusos, de las trampas, de las mentiras; no olvidar que nunca encontraron las armas de destrucción masiva que supuestamente legitimaban su incursión en Irak.

Al mismo tiempo es necesario mantenerse alerta con respecto a las trampas que todo esto conlleva. Cuando la realidad se subsume a un solo factor se abre el camino hacia una visión totalitaria. Cuando todo discurso tiene que partir de, o verter hacia ese punto, nos hacemos cómplices de esa estructuración de los sentidos.

¿No es, acaso, una de las mayores causas de perplejidad que actualmente el discurso creado para sustituir al aparato ideológico de las izquierdas sea justamente el que ha fortalecido tanto la economía global como sus guerras? Uno de los síntomas de la condición posmoderna es que la dispersión de significados desarticuló la intercomunicabilidad de las resistencias. Una de sus mayores paradojas es que el discurso que abogaba por la multiplicidad y la diferencia se constituyó en un cómplice ideal tanto de las dinámicas económicas de la globalización, en la medida en que éstas supieron capitalizar las identidades como nichos de mercado, como de la legitimación de sus guerras, en tanto las diferencias culturales se rearticularon como infranqueables.

¿Y no quedó todo esto inscrito en el veredicto del «fin de la historia», una construcción que paradójicamente ha contribuido de manera no poco significativa a que podamos comprobar que efectivamente no ha llegado a su fin? El entusiasmo producido por la derrota del comunismo, interpretada como triunfo del capitalismo, devino en esta noción de que las guerras ya no serían ideológicas. Ya no nos encontrábamos ante la disyuntiva de dos modos de percibir la historia: ésta había llegado a su fin y ahora estábamos en medio de un proceso de acabar la tarea de expandir la felicidad y el bienestar, los valores democráticos y la paz perpetua entre todos aquellos a los que la pugna histórica había dejado fuera. En un mundo que ya no ofrecía una exterioridad, dentro de una gama de sistemas alternativos, el único futuro se convertía en un proceso de sacar a unos del pasado para integrarlos a las directrices del presente de otros. La diferencia a conservar era ahora la de las civilizaciones: ya no nos encontrábamos ante diferentes maneras de interpretar la esencia humana, su capacidad de intervenir y transformar el mundo, sino ante los determinismos milenarios que habían procurado que un sector de la humanidad fuera democrático y progresista y el otro fuera retardatario y tiránico. El «fin de las ideologías» se manifestaba en muchos sentidos como un cierre de la imaginación humana para construirse futuros posibles. Una especie de determinismo, con serias connotaciones de supremacía ya no racial sino cultural, se constituía en el eje organizador de los destinos del mundo.[4]

Si bien esta presentación de las directrices ideológicas es un tanto esquemática, lo que me interesa señalar aquí es cómo en medio del peso interpretativo que el aparato de propaganda de la cultura mediática es capaz de otorgarles, América Latina queda situada en una posición curiosa. O por decirlo de manera más precisa, pasa a ser reordenada dentro de los diseños globales como ese espacio intermedio entre la barbarie y la civilización que amerita ser considerado a la vez como amigo y enemigo. Interpelados ideológicamente como Occidente, que es lo que se supone que deseamos ser, aceptamos la «extrañeza» del Islam, de las culturas asiáticas. Situados como un territorio necesitado de intervención permanente, pues no parecemos estar en capacidad de asimilar todos los preceptos de la civilización que nos abre sus brazos, somos al mismo tiempo factor interno y externo. En últimas, somos un territorio que no tiene más alternativa que la civilización occidental, pero que debe ser civilizado: la misma constelación planetaria que nos incorporó al orden del cristianismo a través de la conquista.

Todo este aparato ideológico estaba en su lugar antes de los ataques a las Torres Gemelas, antes de los ataques a Afganistán, antes de los ataques a Irak. Si tiene sentido traerlos a colación como directrices de los reordenamientos planetarios es porque

---

4. Me refiero aquí a las dos obras seminales de reinterpretación de la condición humana en la década de los 90: Francis Fukuyama, *El fin de la historia y el último hombre*, Barcelona: Planeta, 1992, y Samuel Huntington, *El choque de las civilizaciones y la reconfiguración del orden mundial*, Barcelona: Paidós, 1997. Ambos libros son elaboraciones posteriores de artículos: el de Fukuyama apareció poco antes de la caída del muro de Berlín (*National Interest*, verano de 1989); el de Huntington (*Foreign Affairs*, verano 1993), tras la primera incursión en Irak y poco después de las elecciones en las que saliera derrotado Bush padre. Estos dos autores son parte de los *think tanks* de la derecha norteamericana, que desde la época de Reagan ha estado preparando y cultivando el clima político del presente.

ahora se revelan como una de las bases estructurales de quienes sustentan el poder. Durante un tiempo podían figurar como una opción más en un complejo de diversos y diversificados sistemas de interpretación y significación. Ahora se postulan como un sistema ordenador.

La pregunta de García Canclini cobra, entonces, todo su peso. Nuestros textos envejecen a cada vuelta, porque lo que parece ocuparnos, los sistemas de interpretación y significación que construimos, se nos revelan como pertenecientes a una realidad paralela, a una realidad que no sabe que no lo es, como en una fantasía de Hollywood. Lo que creemos que es nuestra realidad y el aparato simbólico que la sustenta, se disuelve como por arte de magia: «Bienvenidos al desierto de lo real». Como en la película *Matrix*, estos eventos que sacuden todo el orden parecieran transportarnos a ese desierto y hacernos sentir que todo lo que creíamos que era la realidad era tan sólo un espejismo virtual, producido por un mecanismo cuyo funcionamiento se esconde en algún lugar oscuro y remoto. Es como si de pronto se nos revelara que éramos parte de *The Truman Show*, esa película en la que un hombre cree que lleva una vida normal, se le permite tener casa y familia, trabajo y vida amorosa, hasta que se entera de que se trataba de un experimento de un cerebro maléfico y que toda su realidad era un montaje.[5]

Aquello que creíamos que nos constituía y nos situaba dentro del orden de las cosas parece derrumbarse, precipitarse como una de las torres del WTC. En una mañana de septiembre descollaban con toda su arrogancia y rascaban el cielo de Manhattan. En menos de dos horas quedaron convertidas en una pila de concreto, acero fundido, cables y tubos, sangre, cadáveres calcinados: desecho, excremento. Para los norteamericanos la imagen que se repite como símbolo de su vulnerabilidad es la del instante en que un avión estalla en llamas contra uno de los costados de la torre sur. Para los latinoamericanos, me parece, la imagen del evento es el derrumbe súbito, colosal, de las torres.

---

5. Para un análisis del tema, en relación con el psicoanálisis lacaniano, ver la lectura que hace Slavoj Zizek de los ataques a las Torres Gemelas en Nueva York: *Welcome to the Desert of the Real*, Londres: Verso, 2002.

Se trata, por supuesto, de una imagen desplazada y distorsionada. El evento es de otros, pero sus ecos y sus consecuencias nos llegan. El centro de los eventos está en otra parte, pero los ruidos del derrumbe nos ensordecen. Los gritos por los muertos en las torres se sobreponen a todos los que podamos emitir por los nuestros. En su nombre pasamos a ser parte de otra constelación y nuestro entorno pasa a ser menos relevante, incluso para nosotros mismos. La realidad se ha desplazado y nos deja con la duda por la pertinencia de nuestros actos y palabras, por la materia misma sobre la cual se apoya nuestra percepción de la realidad.

Ahora quedamos todos alineados en una guerra, que más allá de las insoportables trampas que se nos tienden a diario para su ejecución, nos envuelve en todas las formas de violencia que despliega. Nos ubica como blanco de sus propósitos, nos vuelve a nombrar, nos despoja de las formas de significación que hemos construido y secuestra nuestras palabras.[6]

Quiénes somos, cuál es nuestro nombre

Por mi parte me pregunto si estas operaciones que nos nombran y renombran, que territorializan nuestros sistemas de sentido dentro de otros, que relativizan nuestras percepciones de la realidad, no son los fantasmas de la colonización que vienen a visitarnos a cada giro de la historia. Como en *Pedro Páramo* de Juan Rulfo, los ejercicios de la tiranía dejan un pueblo devastado y muerto, pero las voces de ultratumba siguen resonando: las voces de los muertos que no podemos enterrar, que no descansan en paz. Los acosa el remordimiento de no haber actuado, de haberse hecho cómplices del tirano.

Me pregunto si nuestra historia de constitución de sentidos

---

6. No podemos olvidar las complicidades de nuestros gobernantes que quieren formar parte de la guerra contra el terrorismo y piden que los Estados Unidos pongan dentro de esa categoría a diversos grupos que demuestran formas de resistencia. No sólo se capitula ante esta nueva modalidad de la guerra infinita, sino que se entrega gustosamente el orden del sentido de la realidad. La política deja de ser un medio de resolución de antagonismos sociales y se convierte en un sistema de clasificación de los sujetos entre aquellos a quienes se les declara la guerra y a quienes no.

para ordenar nuestra realidad no se ve sistemáticamente sometida al derrumbe. Me pregunto si no estamos atravesados por la incertidumbre permanente de nuestro nombre que, como acto constitutivo de quienes somos, proviene sustancialmente de una ceremonia de «ser nombrados». Salvajes, indios, negros, mestizos, mulatos, zambos, lobos, patraseados, colonizados, bárbaros, atrasados, dependientes, subdesarrollados, subalternos. Nuestra historia se escribe como ecos, reflejos, repeticiones, imitaciones, ajustes, adaptaciones, reformas, incorporaciones. Un largo y bastante fallido proceso de «buscar el presente y traerlo» a nuestros mundos y territorios, como lo formulara alguna vez Octavio Paz desde su mentalidad colonizada, convencido de que el presente estaba en otra parte. Mientras tanto, el presente que nos rodea pareciera ubicarse, como dijera Euclides da Cunha en 1909 para el mundo de la explotación cauchera en el Amazonas, «*à margem da història*».

No estoy abogando por la vieja fórmula de separación entre las ideas importadas y lo autóctono. No sólo porque la nueva constelación de la globalización de mensajes hace de tal empresa una tarea imposible. Más profundamente, porque tal separación de lo ajeno y lo propio siempre se basa en una falacia de adjudicación de ciertos rasgos entre unos y otros, que constituyen operaciones de separación de los significantes y no dan cuenta de los significados, siempre variables, mutables, dispersos y diseminados. Se atribuye a unos la racionalidad y se deja a los otros en posesión de la irracionalidad; se atribuye a unos la civilización y a otros la barbarie. Lo racional pasa a significar básicamente el nombre de sus portadores. Los irracionales se quedan con los residuos. No se supera el hecho fundamental del acto de «ser nombrados».

De manera más sistemática, la separación que se revela como profundamente significativa es aquella que se ve atravesada por la experiencia.[7] Como bien señala Martin Hopenhayn, lo que

---

7. Considero que éste es uno de los aportes más valiosos y significativos de los trabajos sobre cultura y política que se han hecho en América Latina desde los años 80. Las investigaciones sobre la experiencia y la vivencia de la modernidad, de la cultura, de la política para los latinoamericanos han arrojado no sólo nuevas luces para su comprensión, sino que se han convertido en instrumentos teóricos importantes con los que pensar la «separación» más allá de los términos simplistas de lo propio

implica la inseguridad de la existencia en tiempos de globalización se traduce para unos en experiencias de lo provisorio y para otros, los excluidos o apenas incorporados, en experiencias de precariedad, según se pueda estar dentro del orden del consumo suntuario de bienes o se esté excluido del mismo.[8] Y podemos multiplicar los ejemplos que demuestran que el producto de lujo en un lugar es el de la muerte en otro y que las violencias que se legitiman como defensa de intereses de unos son experiencia de exterminio para otros.

Esta separación no es nueva, sin duda. Pero si de alguna manera se nos ofrece una oportunidad dentro de la crisis de significación que ha sido denominada como «posmodernidad», es la de la reivindicación de esa diferencia fundamental. No sólo porque se convierte en un arma de rechazo contra el acto de ser nombrados, ya que así podemos no darnos por aludidos con el nombre. Se trata además de un lugar en el que cada intento de removernos el suelo sobre el cual queremos sustentar nuestros sitemas de significación puede condenarse al fracaso. No digo que sea el lugar para fijarlo, pues lo que menos nos interesa es un estado de fijeza. Pero para que nuestra experiencia de la significación pase de un estado permanente de precariedad a uno provisorio que nos permita apertrecharnos de herramientas para los cambios, asentarnos en la diferencia que nos transmite la experiencia puede ser una movida estratégica: la que nos libera de estar en permanente reacción táctica contra los designios de los poderes «superiores».

En toda nuestra historia de ser nombrados hemos procurado las más diversas formas de negociación con los órdenes hegemónicos. Nuestra tradición letrada, tan altamente denigrada hoy en día, es un lugar pertinente para entender esos procesos, pues su función histórica ha sido el intento de hacer del uso de la palabra un arma con que combatir la violencia ejercida sobre los pueblos de la América hispana. Si nuestros *letrados* han quedado atrapados en las redes de los discursos a

---

y lo ajeno. Estoy pensando aquí en los trabajos de Jesús Martín-Barbero, Renato Ortiz, Norbert Lechner, Néstor García Canclini y Nelly Richard, por mencionar a los más conocidos. **8.** Ver *Ni apocalípticos, ni integrados. Aventuras de la modernidad en América Latina*, Santiago de Chile: Fondo de Cultura Económica, 1994, especialmente la primera parte, «Velando revoluciones que tanta ventura dieron».

los que desean dirigirse, en parte se debe a su vocación de mediadores.[9] Con ello ciertamente han construido a los pueblos como seres sin capacidad para el ejercicio de la palabra, como pueblos sin voz. Pero podemos ver también el otro lado de ese proceso de mediación: la importante lección que se puede extraer de sus fracasos. Pues para nombrar las violencias es necesario construir el lugar de sus víctimas; y para hacer del victimario un interlocutor hay que involucrarse en su lógica, llevarlo a reconocer desde sus premisas a sus víctimas; es preciso traducir en sus términos los efectos de su devastación. En ese proceso las víctimas tienen que probar su inocencia, señalar dentro de la lógica del victimizador que no merecían su suerte, como si la violencia fuera en sí misma el lenguaje legítimo.

La virtud de sus fracasos no se detiene en el hecho de que nos descubran esta paradoja. Una poderosa ambigüedad recorre nuestras letras: una doble codificación que no puede remitirse tan sólo a los intentos de buscar una síntesis entre el discurso hegemónico de origen euronorteamericano y las visiones propias de la realidad. Esa doble codificación también tiene otros lugares de inserción, se desplaza hacia otros interlocutores –los sin nombre–, los que supuestamente no pueden ser interlocutores del texto porque no tienen acceso a la letra. Suponer que el texto no se dirige a ellos se basa en un dato sociológico –el de su analfabetismo– que no puede dar razón de la complejidad de los procesos. Se dirige a ellos de la misma manera que se dirige al futuro. En un punto los textos encuentran un núcleo que se resiste a ser negociado, formas que revelan otros significados para nuestros múltiples nombres: los del indio, el cholo, nuestras «barbaries», nuestros «subdesarrollos». Es el punto en el que el letrado sabe que hay una «estructura de sentimientos» que atraviesa las formas de lo social que no son traducibles. En este nivel se inscriben las estrategias, lo que

9. Me refiero aquí a una tradición específica de las letras en el continente y no a la función de burócratas, en una época al servicio de la corona y ahora al servicio del imperio. Pienso en esa tradición que va desde el Inca Garcilaso de la Vega, que pasa por los padres de la patria en el siglo XIX, que sigue con José Martí y Mariátegui, con José Eustasio Rivera, Juan Rulfo, Miguel Ángel Asturias, José María Arguedas, Augusto Roa Bastos e incluso las figuras más prominentes del así llamado *boom* de la literatura.

ha de estar en el futuro, lo que está en espera de su realización y de su propio nombre. En esos puntos nuestros textos literarios se abren hacia otros frentes, le dan la espalda al poder.

En la década de los 80 y los 90 el centro de poder que hoy se revela más explícitamente como una fuerza imperial nos ofreció las «transiciones a la democracia», un eufemismo, una trampa. Estos procesos tuvieron que ver menos con la democracia y mucho más con la imposición del modelo neoliberal como modelo único. En la década de los 90 se afirmó que para América Latina la década anterior había sido una «década perdida», en razón del escaso crecimiento económico de la región y las dificultades para ajustar sus sociedades a la nueva agenda mundial. El veredicto resultó tristemente optimista. Una mirada sobre los procesos económicos, sociales y políticos en la región en los últimos 25 años hacen posible afirmar que hubo «un cuarto de siglo perdido».

En lo cultural y en la esfera que pasó a sustituir a lo político –aquella que se convirtió en el escenario de las luchas por el reconocimiento de las diferencias y la reconstitución de identidades– se ha podido observar la emergencia y una nueva visibilidad de sectores sociales que hasta esos momentos habían sido posicionados como marginales en los procesos políticos del continente. Sin embargo, una tendencia bastante arraigada de leer las actividades de estos sectores como «prácticas de resistencia», las ha reducido a momentos que se insertan como pequeñas reivindicaciones performativas de la identidad y de ninguna manera como acciones que se insertan dentro del ámbito político. En un sentido político los sectores subalternos son reivindicados como performadores de pequeñas incursiones tácticas, para las cuales, como bien lo ejemplifican los levantamientos y protestas en Argentina en diciembre de 2001, no hay ninguna dirección estratégica, pues, finalmente, «resistencia» es un concepto que se aproxima más a la idea de estar a la defensiva que a la de libertad.

Más aún, y de manera sintomática, esta visibilidad se inscribe en una compleja y aún no tematizada confusión que hace disolver el problema de la desigualdad bajo su aparente superación por el reconocimiento de la diferencia. En ello hay un desplazamiento en el orden de los discursos que soslaya lo material, lo que constituye la verdadera y concreta experiencia de los sujetos sociales, y lo sustituye por su inclusión en el orden simbólico a través de otra confusión: la de entender la representación simbólica *(Darstellung)* como algo que pertenece al mismo orden de la representación política (*Vertretung*).

Las «transiciones a la democracia» parecían ofrecer la posibilidad de ampliar el sentido de la ciudadanía a más sectores de la población, una esperanza que se ha visto tristemente defraudada. Pero no como ocurrió en el pasado por el surgimiento de regímenes dictatoriales, aunque tampoco de ellos ha estado exenta la región, si entendemos como tal el autoritarismo presidencialista de Alberto Fujimori en Perú, que revistió rasgos no muy diferentes a los de las dictaduras de los años 70 y 80 o el caso de Hugo Chávez en Venezuela. Más radical ha sido la retirada del Estado, la disolución de los sentidos de lo político, la pérdida del terreno mismo en el que se podía ejercer la ciudadanía.

El debilitamiento de la nación, como parte del proceso de ajustes hacia el nuevo modelo del orden mundial, se ha efectuado bajo la paradójica fórmula de que el Estado se presenta como un ente incapaz de administrar los territorios, la justicia o los servicios. Bajo la idea de que el Estado es una especie de gerencia general de la nación se entrega la administración a entidades privadas y se reducen los espacios de la ciudadanía a los del consumo. En todo este devenir se crea la impresión de que ha desaparecido el poder como lugar ubicable desde donde emanan decisiones, se imponen políticas, se ejecutan actos que afectan a las comunidades y a los individuos.

Si en algo ha sido liberador el proceso que hemos presenciado con la más abierta manifestación de poder autoritario por parte de los Estados Unidos en sus políticas imperiales, es en el hecho de que el poder ahora tiene un nombre, un lugar y aparece como un agente de sus propias acciones, ya no como un ventrílocuo de lo que se presentaba como fuerzas naturales. Y algo que se ha hecho manifiesto y explícito es que los centros de poder, las máquinas del Estado, las máquinas militares, las máquinas financieras no negocian sus términos.

En las últimas décadas hemos buscado negociar nuestras formas de concebir la democracia. Ahora se nos revela que toda negociación con el poder imperial es infructuosa, pues es la fuerza militar –el hecho crudo de quién puede erradicar más vidas y más formas de vida– la que rige como argumento único.

Dentro de este nuevo ordenamiento de fuerzas, se nos revela también que la realidad no es la misma para unos y para otros en el orden global.

Quienes están integrados dentro de los mecanismos de su aparataje, los que funcionan como sus tuercas y tornillos, palancas y poleas –y perdón si esto suena determinista–, pueden muy bien, bajo una bandera humanitaria, simpatizar con cierto tipo de víctimas: las que sufren de hambre, las que pueden probar su silencio y su pasividad, las que se ven acosadas por desastres naturales. Estas almas buenas, sin embargo, no tienen necesidad alguna de comprender cómo la experiencia conforma y atraviesa de maneras diferentes un mundo que ven como una totalidad, en el que la única experiencia real es la suya propia y lo demás son visiones fantasmáticas de mundos que desaparecen de su espectro visual rápidamente y sólo reaparecen como amenaza.

Lo que para ellos constituye la espectralidad del simulacro, es experiencia de carne y hueso, de vida, violencia y muerte para otros. En el juego virtual de la consola, la amenaza se constituye como una invasión de seres extraños, producto de mutaciones y deformaciones: lo abyecto; un movimiento en los controles erradica al monstruo. En la realidad esto se traduce en la muerte simbólica y real de millones de seres sobre el planeta, convertidos en virus, en peste, en plaga amenazante, reducidos a una abyección que termina por legitimar su erradicación.

Lejos de proponer que cerremos los diálogos, lo que me interesa subrayar es la necesidad de elegir con más sigilo al interlocutor. Hablemos con otros, entre nosotros, no con el poder. No busquemos más interceder ante ellos. Sus oídos no quieren escuchar lo que tengamos que decir. La pregunta que planteara alguna vez la hindú Gayatri Chakhravorty Spivak, «¿puede hablar el subalterno?», ha encontrado su respuesta. Claro que sí. Habla todo el tiempo, grita, patalea, come, suda, duerme, vomita, sueña. Y un camino hacia la posibilidad de desechar la asquerosa piel que lo viste de «subalterno» es no hablar con quien no quiere escuchar.[10]

---

10. Quiero agradecer muy especialmente a Gabriela Basterra por haberme iluminado en estos aspectos de la interlocución. Ver *Seductions of Fate*, de próxima publicación en Londres: Palgrave Macmillan.

2. MÉXICO A PRINCIPIOS DEL SIGLO XXI: LA GLOBALIZACIÓN, EL DETERMINISMO, LA NACIÓN AMPLIADA Y GLOBALIZADA

Carlos Monsiváis

En 2003 la República mexicana dispone oficialmente de cien millones de habitantes (tal vez el número real se eleva en unos cuantos millones, porque el manejo de los censos le exige al gobierno federal disminuir las cifras del crecimiento demográfico). El triunfo de Vicente Fox en 2000 destruye la trayectoria invicta del partido prácticamente único durante 65 años, el Revolucionario Institucional, y le da el poder a un partido, Acción Nacional, muy derechista. La situación económica, nunca esplendorosa, prosigue su deterioro y el desempleo y el subempleo limitan al extremo el horizonte de oportunidades. Sin problemas se impone el modelo norteamericano, sobre todo a partir del 11 de Septiembre y la invasión de Irak. El paisaje social y político es muy confuso y deprimente, y muy pocos creen que «hay salidas». Sin embargo, otra relación de los hechos surge de las nuevas definiciones en la práctica de *nación, minorías, diversidad* y *espacios alternativos*. No sólo la globalización en su versión norteamericana hace a un lado las estructuras del Estado-nación y la soberanía, también, desde la sociedad mexicana misma, una serie de reivindicaciones fundamentales, los derechos humanos para empezar, anuncian un país distinto.

En estas notas describo de manera muy sintética las ampliaciones de la nación y de México, concepto ya distinto del conocido todavía hace dos décadas. En el proceso intervienen vigorosamente algunas ideas y palabras clave, que favorecen grandemente los estilos más libres de vida de millones de personas, que continúan a pesar de la dureza del contexto nacional e internacional. Estos grupos y estos individuos, que suman millones, viven una nación distinta precisamente por estar crecientemente al tanto de sus derechos. Padecen lo mismo –la prepotencia del imperio en su etapa George W. Bush, el fin del empleo formal, el arrasamiento de los ecosistemas, la violencia urbana, el narcotráfico– pero no desde las posiciones de total relegamiento.

Es fundamental el papel de las ideas en la supervivencia de las sociedades. Así se agoten y pierdan eficacia, o se diluyan y enturbien, las ideas genuinas incitan a las movilizaciones y la resistencia. Véase si no la trascendencia de las ideas contenidas en estas palabras clave: *sociedad civil, tolerancia, transición a la democracia, programas políticos incluyentes, diversidad, pluralidad* y *empoderamiento*, de consecuencias profundas aun si devienen lugares comunes o abstracciones pobres. El proceso trasciende las formaciones políticas tradicionales, al surgir ya el primer intento de ciudadanía global, como se probó en las manifestaciones contra la invasión de Irak y en la resistencia al modelo único de globalización. En las alternativas al Pensamiento Único las ideas desempeñan un papel de primer orden.

Está escrito desde el principio de los tiempos...

Una de las grandes batallas culturales de estos años es el enfrentamiento a la mentalidad determinista, la línea interpretativa de la realidad que, interiorizada profundamente, es el conjunto de prejuicios más arraigado en Latinoamérica. ¿Qué entiendo aquí por *determinismo*? Si no el proceso avasallador de control de las conciencias, sí las formaciones tradicionales (el conservadurismo religioso, el clasismo, la ideología patriarcal) a las que se añaden los mecanismos del poder autoritario, de la educación y de las industrias culturales. Nada se puede hacer –es el mensaje transmitido de múltiples formas en los siglos del virreinato– si eres indio o mestizo; nada es posible, se decreta en el siglo XIX, porque vives el caos que ni siquiera es nación; todo te será inútil, se proclama en el siglo XX, si no perteneces a la élite o si no te beneficia notoriamente la movilidad social.

El determinismo se fija primordialmente en la clase social, el género y el color de la piel, pero en cualquiera de sus variantes minimiza o ridiculiza el enfrentamiento a la miseria y la pobreza, calificadas de expresiones endémicas del ser humano. Desde el llamado de los curas que le exigen obediencia y resignación a los indígenas y los pobres urbanos, la meta histórica del determinismo ha sido convertir las limitaciones económicas y sociales en rasgos idiosincráticos. Si se considera a la desigualdad rasgo inalterable de las sociedades, todas las luchas emancipadoras son inútiles de antemano.

En la primera inmensa etapa de implantación de la mentalidad determinista se acude a las divulgaciones de la tesis del pecado original. El hombre, nacido de mujer, corto de días y harto de sinsabores (Antiguo Testamento) vive bajo el oprobio del pecado: «Todo pensamiento, palabra o acción contra la ley de Dios» (San Agustín). ¿Y quién interpreta y conoce la ley de Dios? Los clérigos, que al bautizar a las naciones y a los nacionales los sujetan desde el principio a los juicios terribles sobre su propia condición.

¿Cuál es el resultado más conspicuo de destinar al fracaso cualquier intento de crítica o cambio? Hasta épocas muy recientes, se implanta la ilusión o el mito del país de un solo idioma, una sola religión, un solo partido político, un método inalterable de concebir los roles del macho y de la hembra, un cuerpo dogmático de creencias y de costumbres. Desde allí la búsqueda de caudillos, la aceptación desesperanzada de las dictaduras, el miedo al cambio, la creencia fantasiosa en la identidad nacional.

Si Dios nos hubiera querido diferentes, no nacemos en la misma vecindad

De la mayoría marginada ya se dice y se sabe bastante, por lo menos en cifras, así se desdibujan sus formas de supervivencia. En el último medio siglo nadie objeta la descripción de México, «país fundado sobre la desigualdad», y ningún gobierno va más allá de las tibias medidas igualitarias (en el mejor de los casos) y de la grandilocuencia patética. «A los desposeídos les pido perdón», exclama el primero de diciembre de 1976 José López Portillo al tomar posesión de la Presidencia. Una vez admitida la impagable deuda histórica, a los habitantes de la miseria y la pobreza, cerca del 60 por ciento de la población, se les reserva la dureza o la indiferencia.

En este campo ni siquiera obtienen atención escénica los integrantes de las minorías marginadas, por razones del racismo, el sexismo, la intolerancia, la homofobia y la intolerancia religiosa. Hasta épocas muy recientes el reconocimiento de la diversidad no es usual y sólo en 1982, durante la campaña del priísta Miguel de la Madrid, y como gesto de cortesía hacia los científicos sociales, se reconoce la condición *plural* del país. Todavía entonces se define a México como un todo homogéneo: la nación católica a la hora de fiestas, peregrinaciones y censos, la sociedad profundamente mestiza y heterosexual. No se conciben lo legítimamente alternativo, las libertades en materia de moral y vida cotidiana. Pese a las conquistas históricas (la tolerancia de cultos de la reforma liberal del siglo XIX, la educación laica y gratuita de la Constitución de 1917, y la secularización progresiva), a la pluralidad se llega con lentitud pasmosa.

Acátese y cúmplase: el monopolio de las creencias y el monopolio del poder político y el monopolio del poder económico y el monopolio de la conducta admisible se integran en un haz de voluntades tiránicas. Se margina a mayorías y minorías y se considera natural o normal su destino atroz. A los excluidos de la nación (la mayoría), se les condena al infierno de la falta de oportunidades que la ausencia de respetabilidad complementa. En los espacios marginales se congregan los disidentes religiosos, los disidentes políticos, los minusválidos, los alcohólicos, los gays y lesbianas y muy especialmente los indígenas. Sin olvidar, en la marginalidad no declarada pero implacable, a las mujeres. No obstante sus diferencias extraordinarias, estos sectores comparten rasgos primordiales: el costo psíquico y físico de asumir y transformar la identidad diseñada desde fuera, las dificultades para construir su propia historia (el esfuerzo continuo de adaptación a medios hostiles) y las repercusiones interminables del «pecado original», la *culpa* de no ajustarse a la norma.

Las palabras clave

Es fundamental el peso de las palabras clave. Desde la década de 1930, por lo menos, parte de la identidad más real de las personas y las sociedades depende de su decisión de amoldarse a términos que hacen las veces de yugos: primitivismo, complejo de inferioridad, colonización, subdesarrollo, dependencia, marginalidad, Tercer Mundo, periferia... Durante casi un siglo, se escuchan frases de esta índole: «Tan lejos de Dios, tan cerca de los Estados Unidos / ¿Qué le vamos a hacer si somos subdesarrollados? / Me salió lo tercermundista y no fui a trabajar / Sí que somos marginales / Por más que busco en *The New York Times* no viene ninguna noticia de mi pueblo natal». (Ahora se diría: «No que muy global y sigues viviendo en la misma casa».) Las versiones dolidas o pintorescas afirman el hecho histórico: por razones de la comparación evidente y del prejuicio, en los países periféricos se idealiza a las metrópolis. Y esto se intensifica con la globalización, que vuelve marcas infamantes los términos para describir a los países periféricos. Por eso lo común en la América Latina de principios del siglo XXI es calificarse sin estas palabras de globalizados de segunda, tan internacionales como todos pero bastante menos.

En proporción muy alta, las viejas definiciones ya no rigen o lo hacen de forma restringida. En el viaje semántico algunos vocablos no pasan de moda, sólo expresan lo contrario de su acepción primera. Y las causas que emergen aportan definiciones y vocablos y modifican el mapa conceptual.

La aceptación y el arraigo de las palabras clave es determinante. Cito algunas:

Sexismo. La ideología de la superioridad masculina es el fondo doctrinario (si tal es la palabra) detrás del machismo y el patriarcado. El mero uso del término califica al machismo de pesadilla social.

Género. La pertenencia que se evade de las prisiones del macho y de la hembra y genera un campo conceptual. En determinado momento la Iglesia católica se propone enfrentar y vencer la expresión y en la Conferencia de Beijing de 1995 los países islámicos y el Vaticano rechazan el uso de *género*, sosteniendo que Dios creó al hombre y la mujer, no a los géneros. Nada consiguen y la expresión *perspectiva de género* logra avances que, con su nombre, el feminismo no conseguía.

Empoderamiento (empowerment). La noción de la toma de poderes como la ciudadanización de la política y los movimientos sociales. Este concepto es indispensable en el desarrollo del feminismo y las ONG.

Gay. Es un avance el uso internacional de *gay* porque no arrastra el peso del prejuicio y el desprecio histórico contenidos en *maricón, joto, puto*, y sus equivalentes en cada país, y porque relaciona a una minoría nacional con una muy significativa minoría planetaria de conquistas sociales y legales incesantes.

Homofobia. El odio irracional contra los homosexuales adquiere un nombre específico y se vuelve un prejuicio identificado. Esto lo disminuye considerablemente.

Diversidad. Ahora sinónimo de derechos de las minorías, especialmente las sexuales.

Los indígenas: las herencias de la desigualdad

Si algo vuelve transparente la relación en Chiapas es la evidencia del racismo en México. Ser indio –es decir, pertenecer a comunidades que así se identifican a partir de prácticas endogámicas, idioma minoritario y costumbres «premodernas»– es participar de la perpetua desventaja, en una segregación iniciada desde el aspecto. Los que niegan el racismo suelen alegar el ascenso social de personas con rasgos indígenas muy acusados, pero ninguno de estos indios-a-simple-vista es hoy secretario de Estado, gobernador, político destacado, empresario de primera, o simplemente celebridad. Esto para no hablar ya de las mujeres. En su novela *Invisible Man*, Ralph Ellison describe cómo a los ojos del sector dominante el color de la piel borra la humanidad y la singularidad de las personas. Un negro es indistinguible de otro negro, porque los iguala el desprecio que se les profesa. Algo semejante y más común todavía por sus consecuencias extremas sucede con los indios de México, circundados desde la Conquista por el rechazo múltiple. ¿Por qué no? Son primitivos, desconocen la maravilla de los libros (al igual que la mayoría de los racistas), son paganos aunque finjan catolicidad y resultan para siempre menores de edad, como lo ratifican las instituciones (apenas en 2003 se cancela el Instituto Nacional Indigenista, «tutor» de millones de personas). De acuerdo a este criterio no se les margina: han nacido fuera y su actitud pasiva sólo confirma su lejanía.

Pertenecer a «la raza vencida» anula en los indígenas «la posibilidad de desarrollo», lo que en el catálogo racista da comienzo a la lista de otras prisiones: la lengua «extraña» que sólo una minoría comparte, la inermidad educativa, el arrinconamiento en zonas de depredación ecológica, el alcoholismo, el caciquismo, las inevitables riñas internas, el aislamiento cultural profundo. Si desde la Conquista el sometimiento de los indígenas persiste, no obstante las rebeliones esporádicas y sus aplastamientos, el régimen del PRI sacraliza la fatalidad. En 1948, Alfonso Caso, fundador del Instituto Nacional de Antropología e Historia (INAH) y del Instituto Nacional Indigenista (INI), define con ligereza tautológica el sujeto de sus encomiendas:

Es indio todo individuo que se siente pertenecer a una comunidad indígena y es una comunidad indígena aquella en que predominan elementos somáticos no europeos, que habla preferentemente una lengua indígena, que posee en su cultura material y espiritual elementos indígenas en fuerte proporción y que, por último, tiene un sentido social de comunidad aislada dentro de las otras comunidades que la rodean, que la hace distinguirse asimismo de los pueblos de blancos y mestizos.

Indio es el que vive en el mundo indígena, así de preciso es don Alfonso Caso. El mestizo tiene en proporción definida «elementos somáticos europeos», lo que, de acuerdo a esta argumentación, en algo lo redime. «Todavía se les nota lo indio, pero ya hablan un español reconocible.» Y en el universo de los indios, a la miseria económica la complementa la degradación moral o como se le llame a la incesante bruma de las borracheras, la violencia orgánica de las etnias y la brutalización de las mujeres en ámbitos cercanos al *apartheid*. Esta opresión deshumaniza, así los *ladinos* la califiquen de muy voluntaria y emitan su dictamen: «Los indios están así porque quieren».

Históricamente los saqueadores y los opresores se divierten ridiculizando a sus víctimas. Además del clima social, el racismo dispone de la caricatura política del siglo XIX, de los estereotipos en la poesía y la narrativa, del choteo de los titubeantes en el uso de *el castilla* y más tarde, en el siglo XX, de las parodias del teatro frívolo, la radio, el cine y la televisión. *El indio* es el ser sin vínculos suficientes o mínimos con la civilización, alguien apartado de la nación, trágico o patético, y divertido sólo en ocasiones y a pesar suyo. Para quienes lo contemplan sin verlo, sus tradiciones son mero pintoresquismo, y su apego a usos y costumbres permite apuntar con sorna o preocupación al «primitivismo». La Iglesia católica los infantiliza, el guadalupanismo les ofrece el refugio de la fe, el Estado los protege de modo lejano y a los «huérfanos de la civilización» se les «adopta» con desgana y sin responsabilidad.

El Instituto Nacional Indigenista, «orfanatorio» o «casa de cuna cultural», aporta algunos beneficios y garantiza el desinterés extremo del gobierno que ya cree cumplido su deber si algo cede de su presupuesto. Y la vida de los indígenas suele desenvolverse en condiciones infrahumanas y en medio del desinterés de los medios informativos, alejados las más de las veces del registro de los asesinatos, las violaciones de mujeres, el saqueo constante de tierras y bosques. *Son indios*, viven fuera de la nación. Como ha demostrado Enrique Florescano, se quiere justificar el despojo con razones históricas, con la mitología opresiva que inicia Lucas Alamán. Según Alamán y sus descendientes, México no le debe nada al pasado indígena y la sociedad mexicana ni siquiera registra sus valores. Se elimina del recuento, observa Florescano, «la participación decisiva de los indígenas y campesinos en los tres movimientos que cambiaron la historia moderna y contemporánea de la nación: Independencia, Reforma y Revolución». La nación, argumenta Florescano, se ha opuesto por sistema a las reivindicaciones indígenas, pretendiendo imponerles leyes que violan sus derechos más entrañables: el racismo les ha exigido renegar de sus lenguas, deponer su autonomía y, en suma, dejar de ser indios, al obstruírseles el derecho a la propia identidad.

La marginalidad no se elimina por decreto y a los indios se les hace a un lado, se les castiga por su condición marginal. En Guerrero, Puebla, Hidalgo, el Estado de México, Chiapas, Oaxaca, la Ciudad de México, Yucatán, los indígenas viven en condiciones de extrema penuria y ya para 2002 su número debe oscilar entre los 11 y los 12 millones de personas. En su caso, sin ambages, el estado de derecho no existe, y no es infrecuente la semiesclavitud. Hasta 1995 el robo de ganado se penaliza en Chiapas más que el asesinato y todavía en 1960 se utiliza la frase «gente de razón» para distinguir entre los mestizos y criollos y los indígenas. El desprecio es orgánico y, para volver al caso del EZLN, en 1994 el oficial mayor del gobierno de Chiapas, asegura que los enmascarados no pueden ser indígenas, porque estos no usan armas modernas sino arcos y flechas. Otros, como el abogado Ignacio Burgoa, se azoran al enterarse de la condición humana de los indios.

Antes del EZLN ya se acrecienta en los sectores indígenas la resistencia a la marginalidad. La migración laboral a Estados Unidos impone una corriente modernizadora empeñada en el uso de la tecnología. Las numerosas conversiones al protestantismo expresan la necesidad de nuevos comportamientos y otro modo de pertenencia a la religión. Y las jóvenes indígenas se enfrentan al machismo interno y externo pero ya esta vez con algunas posibilidades.

En 1992, en el Quinto Centenario, ya no de la Conquista sino del Encuentro entre Dos Mundos, se da por perdida la recuperación de los indígenas. Es inútil, se dice, ni se quieren asimilar ni podrán aprender. Algunos funcionarios del Estado divulgan una teoría «educativa»: debido a su desnutrición irremediable, los indios son incapaces de educarse de manera sólida, tratar de enseñarles es gasto de tiempo y de recursos, mejor dedicarlos a las artesanías. Y el determinismo y el racismo engendran devastaciones: al concluir el siglo XX sólo el 8 por ciento de los niños indígenas finaliza la escuela primaria. La sociedad mexicana no acepta ser racista pero lo es, con una variante: los que desprecian y explotan y consideran perdidos para siempre a los indígenas no se sienten miembros de una raza superior, sino tan sólo testigos enfadados de la parálisis de una raza inferior, la indígena.

En este paisaje de la expulsión permanente de la nación surge el 1° de enero de 1994 el Ejército Zapatista de Liberación Nacional, en oposición a los procesos de destrucción y auto-destrucción de siglos. El zapatismo o neozapatismo es en principio una toma de conciencia de las comunidades hartas del trato semiesclavista, la economía feudal de Chiapas y el desplome de sus fuentes de ingresos.

Los protestantes: «A Dios sólo se le adora de un modo»

Como a los miembros de las otras minorías, los protestantes o evangélicos también son excluidos múltiples, en este caso de la identidad nacional, del respeto y la comprensión de los vecinos, de la solidaridad. No se reconoce su integración al país en lo cultural, lo político y lo social, y lo mismo a fines del siglo XIX que a fines del siglo XX la intolerancia ejercida en su contra no desata mayores protestas. En las postrimerías del siglo XIX se inicia en México la presencia del protestantismo y los primeros conversos viven el alborozo de la fe que les cambia literalmente la vida, les da acceso al libre examen y los aparta de lo que, a su juicio, es fanatismo. Se les mira con enorme recelo y se les persigue, obligándolos a concentrarse en las grandes ciudades.

Ya en las primeras décadas del siglo XX se han instalado en México las principales denominaciones de Norteamérica y surgen los grupos nativos, de raigambre pentecostal. Son presbiterianos, metodistas, bautistas, nazarenos, congregacionales. Desde 1930 se afirma la ola pentecostal que subraya la experiencia religiosa directa y la emotividad del creyente. Como siempre, a las reacciones de intolerancia las encauza el criterio de los obispos católicos alarmados por el crecimiento del protestantismo. En 1951 se desata una campaña de proporciones amplias, orquestada por el arzobispo Luis María Martínez, que ordena frenar «el avance del protestantismo» y contempla impávido la represión desatada. Don Luis María parece moderno, cuenta chistes levemente audaces, bendice todos los edificios nuevos y es miembro de la Academia de la Lengua. También es un cruzado de la fe a la antigua y sin remordimiento alguno preside la cacería de herejes.

No hay entonces hábito de enfrentarse a la intolerancia. Si los persiguen es porque se la buscaron. Una excepción: el gran escritor Martín Luis Guzmán, director del semanario *Tiempo*. En una portada de 1952, *Tiempo* declara: «Contra el Evangelio, la Iglesia católica practica el genocidio». Nadie más protesta y es considerable la lista de crímenes y agravios: congregaciones expulsadas de sus pueblos, templos apedreados o quemados, pastores asesinados a machetazos o arrastrados a cabeza de silla, marginación social de los «heréticos». Los jerarcas católicos sonríen.

En la Ciudad de México la demografía borra lo singular de la marginalidad religiosa (pueblo grande, infierno selectivo y por sorteo), pero en los lugares pequeños y medianos equivale a una provocación. Los más pobres son los más vejados, y sobre todo, los pentecosteces la pasan muy mal, por ser «aleluyas», los gritones del falso Señor. No existe el hábito de respetar y *entender* la diferencia. Las sociedades cerradas no conocen de matices y el rechazo va del humor denigrante a la desconfianza imborrable. He aquí un chiste típico: el padre se entera de la profesión *non sancta* de la hija y se enfurece amenazándola con expulsarla de la casa. «¡Hija maldita! Dime otra vez lo que eres para que maldiga a mi destino. Papá, soy prostituta.» Suspiro de alivio y dulcificación del rostro paterno. «¿Prostituta? Ah, bueno, yo creía que habías dicho *protestante.*» Y el choteo infaltable: «¡Aleluya, aleluya, que cada quien agarre la suya!»

Hasta el estallido de la sociedad de masas a los protestantes los rodea la incomprensión y el señalamiento. «Es muy buena persona pero... Sí, hijo, ve a su casa a comer pero que no traten de quitarte tu fe.» Los letreros propagados por los obispos expulsan de antemano a los indeseables: «En esta casa somos católicos y no aceptamos propaganda protestante». Lo más inadmisible es el fenómeno de la conversión, es tanto como aceptar el salto de mentalidad de Saulo de Tarso en el camino a Damasco cuando lo habitual es elogiar la incondicionalidad de Juan Diego, al que se le apareció la Virgen de Guadalupe por ser «el más humilde de mis hijos». Las condenas se aglomeran, los protestantes son «antimexicanos, agentes de la codicia de almas de Norteamérica, destructores de la unidad nacional». En la embestida coinciden la furia del fundamentalismo católico y el homenaje de funcionarios del gobierno a su pasado parroquial.

La marginalidad religiosa continúa siendo un continente inexplorado. Así por ejemplo, para ratificar lo «abrumadoramente católico» del país, los obispos se desentienden de la gran carga de «idolatría» (la recurrencia de los ritos indígenas prehispánicos), y de los cientos de miles de adeptos del espiritualismo trinitario mariano, del espiritismo, de las variedades esotéricas. Hasta hace unos años triunfa la presión por la uniformidad, tanto que en un momento dado el protestantismo parece condenado al estancamiento, a ser tan sólo la minoría sintomática de una etapa de la americanización del país. A mitades del siglo XX, en la capital y en las ciudades grandes, los protestantes pasan de amenaza a pintoresquismo, las familias que los domingos se movilizan con sus himnarios y biblias, la gente piadosa y por lo general confiable y excéntrica. ¿A quién se le ocurre tener otra religión si ya ni siquiera la fe de nuestros padres es muy practicable? La vida social asimila a los protestantes deseosos de oportunidades de ascenso, que prefieren casarse por el rito católico, y ya en la década de 1970, la intolerancia deshace los niveles de aceptación de lo distinto y se expulsa de México al Instituto Lingüístico de Verano, organismo responsable de la traducción de porciones de la Biblia a lenguas indígenas. Para deshacerse del Instituto Lingüístico de Verano se alían los obispos y los antropólogos marxistas que, sin pruebas, lo califican de «avanzada de la CIA», «instrumento de la desunión de los mexicanos», etcétera. No hay protestas ante la supresión del ILV.

Por esas mismas fechas y de forma inesperada sobreviene la fiebre de la conversión masiva al protestantismo. Al éxodo de ritos y conversiones lo motivan la necesidad de integrarse a una comunidad genuina, las revelaciones individuales del libre examen de la Biblia, el deseo de metamorfosis y la urgencia de las mujeres indígenas, ansiosas de que sus maridos abandonen el alcoholismo y la violencia doméstica. Sobre todo en el sureste del país se masifica la conversión y en correspondencia los obispos católicos lanzan una campaña de odio contra las «sectas», calificadas por el nuncio papal Girolamo Prigione de «moscas». En Chiapas se queman templos y se expulsa a los protestantes de varias comunidades, en especial de San Juan Chamula (35 000 desplazados). Hay asesinatos en casi todas las zonas rurales. A las campañas antiprotestantes se unen las diatribas contra el New Age, «doctrina diabólica», pero el avance de la diversidad de creencias no se detiene, ni tampoco el de los grupos paraprotestantes (mormones o Santos de los Últimos Días, Testigos de Jehová). Se expanden los grupos pentecostales, especialmente en el sureste. A lo largo de un siglo la propaganda católica maneja un argumento final contra el protestantismo: «Varías, luego mientes», pero en una sociedad plural esta razón ya no es suficiente, y tal vez entre 10 y 15 millones de personas participan de estos credos. (La Iglesia católica se jacta de disponer del 80 por ciento de los fieles, aunque también describe un país de «analfabetas religiosos» y «ateos funcionales».)

Los gays: de lo indecible
a lo que insiste en decir su nombre

Desde la adaptación del Código Napoleónico las leyes de México no prohíben la homosexualidad consensuada entre adultos. (Algo muy distinto sucede con la paidofilia, altamente penada para heterosexuales y homosexuales.) Sin embargo, a los gays se los somete a versiones monstruosas «de la justicia» y se permite, por comisión o por omisión, las persecuciones de «anormales» y penas de varios años de cárcel sólo por afeminamiento. El parapeto de las cacerías homofóbicas es la tradición judeocristiana y su justificación legal es un término siempre indefinido, «faltas a la moral y las buenas costumbres», que desde el siglo XIX auspicia y legitima multas, arrestos por quince días o varios años, despidos, maltratos policiacos, chantajes, secuestros por parte de la ley, incluso envíos al penal de las Islas Marías.

En la historia de México a los homosexuales se les quema vivos, se les lincha moral o físicamente, se les expulsa de sus familias, de sus comunidades y (con frecuencia) de sus empleos, se les encarcela por el solo delito de su orientación sexual, se les exhibe sin conmiseración alguna, se les excomulga, se les asesina con saña. Nada más «por ser lo que son y como son», el siglo XX les depara, además del vandalismo judicial, una dosis generosa de *razzias*, extorsiones, golpizas, muertes a puñaladas o por estrangulamiento, choteos rituales; en síntesis, el trato inmisericorde de la deshumanización. No hay respeto ni tolerancia para los homosexuales o los términos se unifican por el desprecio a los jotos, los maricones, los putos, los invertidos, los sodomitas. Al tanto del descrédito religioso y moral de «las locas», la sociedad los repudia de modo absoluto hasta fechas muy recientes, y aún hoy mantiene el énfasis de la filantropía. «Que hagan lo que quieran mientras no lo hagan en público y no se metan conmigo.»

No importan la posición, el talento, la honorabilidad. Ante la policía o ante la maledicencia, el homosexual pierde su identidad personal y se vuelve el ser repugnante. De allí la necesidad del closet y el alto número de los que se casan, de los que se psicoanalizan en pos de «la cura», de los que extreman su religiosidad para implorar «el fin de la maldición». Como en la frase de Sartre, el infierno son los demás, pero, también, el infierno está dentro del marginal. Así, la ausencia de derechos civiles y humanos multiplica la sensación de inexistencia. «No somos nada, salvo cuando se ignora o se olvida lo que somos.» Por eso la ausencia de reacciones ante hechos de la trascendencia del Informe Kinsey (1948) tan reorientador internacionalmente de la idea de homosexualidad. Si uno de cada veinte es homosexual, o ha tenido estas experiencias, el volumen demográfico disminuye la carga del pecado y la minusvalía.

México es un país formalmente laico, pero los gobernantes, con escasas excepciones, aceptan el tradicionalismo en los asuntos de vida cotidiana, y al unísono liberales, conservadores e izquierdistas se indignan ante la «traición a la naturaleza». En las agencias del ministerio público también rigen las prohibiciones de la cultura judeocristiana, y a todos les resulta *normal* –nadie los defiende, nadie protesta– el envío de los homosexuales a la cárcel por su voz y sus gestos o la victimación con saña. («Es un crimen pasional típico de homosexuales», afirman la prensa y las autoridades policíacas en vez de señalar: «es un crimen típico contra homosexuales».) Tras cada homosexual asesinado, suceden los arrestos de sus amigos y la impunidad del criminal. Las redadas «defienden la moral y las buenas costumbres», así destruyan vidas y provoquen crisis familiares. El vejamen intenso da como resultado psicologías torturadas, y tal vez por eso se declara a estas psicologías responsabilidad exclusiva del deseo homosexual. Hasta antes de 1969 y la rebelión de Stonewell en Nueva York, nadie sale del closet si puede evitarlo, porque tal martirio no conduce a beatificación alguna.

El sida: la visibilidad de la tragedia

Ya en 1985 se transparentan en México las dimensiones de la pandemia del sida. Antes todo se ha constituido en alarmismo y terrores a propósito del «cáncer rosa». Rock Hudson se declara enfermo y muere poco después. La pandemia resulta inocultable. El miedo centuplica el prejuicio, los rechazos y la incomprensión y, por ejemplo, en el Centro Médico, se ahorca un joven harto de los vejámenes de los médicos y las enfermeras. Se sataniza sin tregua a los gays, los más afectados por el sida (todavía hoy el 82 por ciento). «No coma cerca de un homosexual. Puede contagiarse», reza un anuncio pegado en las calles. El nuncio papal Girolamo Prigione califica al sida de «castigo de Dios», en varias empresas se hacen pruebas obligatorias de detección del sida, y a los seropositivos se les da media hora para abandonar definitivamente su puesto. La Secretaría de Salud se niega a las campañas dirigidas específicamente a los gays porque, es de suponerse, el Estado ni puede ni debe reconocer la existencia de la perversión. Apenas a fines de 1997 se da la primera campaña (muy tímida) de prevención con los gays como destinatarios. En 2003 aún no existen las campañas masivas de prevención. No se vayan a enojar los obispos.

Son años de tensión, de tragedias, de familias que expulsan al enfermo, de infecciones masivas por descuido en los bancos de sangre, de maltrato en hospitales, abandono de muchas familias (no es el caso de la mayoría). A los motivos de los crímenes de odio contra los homosexuales se añade el pánico ante el sida. Un adolescente en Ciudad Neza asesina a un cura porque «trató de contagiarme el sida». Muchísimos se infectan por falta de información y en la televisión privada y pública los anuncios de condones desaparecen o se reducen al mínimo, mientras se silencian los datos de la enfermedad. La Iglesia católica y sus grupúsculos se oponen a las campañas preventivas y acometen el «linchamiento moral» del condón llamado temblorosamente «preservativo», palabra que no perturba a los aún no enterados de la existencia de la genitalia.

Nunca antes un «adminículo» (expresión del cardenal primado Norberto Rivera) había concentrado tanta inquina. El nuncio Prigione lo llama «instrumento que arrastra a los jóvenes por el lodo», y en rigor se abomina de la existencia misma del sexo y se exalta la abstinencia forzada. «La única respuesta al sida es la castidad», se insiste. En Monterrey, en 1990 el gobernador de Nuevo León, Jorge Treviño, retira un gran anuncio de condones «porque puede lastimar las mentes de los niños pequeños». No es infrecuente que los vecinos expulsen de sus departamentos a los enfermos de sida. Fallan una y otra vez los diagnósticos y es muy irregular el respeto por los enfermos. En las regiones el problema se agudiza por la adecuación perfecta entre prejuicios y desinformación médica. Y se expande la infección entre las mujeres de los trabajadores migratorios.

Hay respuestas, insuficientes pero generosas. Persisten los grupos de activistas antisida en la Ciudad de México y en Oaxaca, Aguascalientes, Monterrey, Guadalajara, Querétaro, etcétera, pero los escollos son inmensos así la tolerancia avance. Con la información planetaria sobre el sida y la *otra* sexualidad, con las abundantes películas, series televisivas, obras de teatro y novelas sobre el tema, con las grandes marchas en Washington, Nueva York, San Francisco, Londres y Sidney, ya no espanta tanto el *show* de sombras perversas de la homofobia. Al sentirse en grave riesgo, los enfermos se desentienden del qué dirán.

Marginal respecto a qué

El México de fines del siglo XX es, en relación al de sus principios, una entidad irreconocible y un heredero fiel. Hay pluralidad, las tesis del feminismo penetran en la sociedad, la libertad de expresión normaliza la presencia de las causas de los derechos humanos, lo «aberrante» pasa con frecuencia a ser lo «minoritario», y la derecha política acepta ya en algunas regiones lo inaplicable del término «faltas a la moral y las buenas costumbres». (¿Quién, fuera de las leyes, define a *la moral*, y cuáles son hoy *las buenas costumbres?*)

También, en su lucha obcecada contra toda diversidad, el clero católico y la derecha insisten en reprobar las libertades corporales (incluido el uso de la ropa «provocativa»), se oponen con rencor a la despenalización del aborto, se obstinan en las campañas de desprestigio contra «las sectas», reafirman la definición de *la sociedad* que no admite a los exiliados de *la norma*. La pandemia del sida convoca a lo mejor y lo peor de las actitudes sociales, y lo mismo pone de relieve a jóvenes altruistas, seropositivos y enfermos muchos de ellos, empeñados en difundir las medidas preventivas y apoyar a los enfermos, que a clérigos enemigos del condón y a vestigios de la Contrarreforma.

En este proceso, los derechos de las mujeres avanzan de modo desigual. No es lo mismo la situación de las indígenas, sojuzgadas bajo el peso idolátrico de los *usos y costumbres*, que de las universitarias, convencidas de su derecho al empleo, a la equidad de género, a la crítica implacable del machismo. Y por eso es distinta la resistencia a la marginalidad de las jóvenes zapotecas que se niegan a usar a diario sus trajes típicos y retan a los hombres exigiéndoles ejemplo, y el de las jóvenes de las colonias populares que se organizan para detener a los violadores y entregarlos a las autoridades. En el orden cultural el concepto de marginalidad se modifica a diario.

Las leyes de la Reforma liberal y de la Revolución impulsan el desarrollo secular, pero en la implantación de la tolerancia (entendida como el reconocimiento inevitable del derecho de los demás), la influencia decisiva es la sucesión de ejemplos de los países altamente desarrollados. Las novelas, los poemas, el cine, las series de televisión (en fechas recientes), el teatro, impulsan la amplitud de criterio, y dejan claro lo inevitable de la diversidad, así la uniformidad, como se arguye, esté protegida por los poderes terrenales y celestiales.

¿Dónde funciona lo que funciona?

¿Qué tan real es un *cambio de paradigmas* del que la derecha se enorgullece? Entre los elementos transformadores están el impulso globalizador, la tecnología entendida como religión, el fin del socialismo real y la conclusión ineludible: la *nación* sigue siendo el acceso forzoso a lo global. Los neoliberales, con arrogancia, incitan al país a superar su «mediocridad», es decir, a renunciar a toda su tradición cultural, que se transformará en algo pintoresco y folclórico si no se abandona en el acto. He aquí el decreto: sin la renuncia a lo que ha sido la nación no se progresa. Por un lado el aviso llega tarde; por otro, no es muy operativo el modelo único de globalización, especialmente después de la invasión de Irak.

Es un falso dilema depositar el avance en la renuncia al nacionalismo. Esto, para empezar, ya sucedió. El nacionalismo tradicional desapareció o desaparece con celeridad. Salvo por razones feudales o de atraso costumbrista, nadie cree verdaderamente en un nacionalismo fundado en la homogeneidad, en la segregación de lo indígena, en la invisibilidad social y política de las mujeres, en las consignas de la mitomanía chovinista, en el machismo y los reflejos condicionados de la historia oficial. ¿Qué dice hoy un nacionalismo cuyo vigor mitológico y sociológico depende de las idealizaciones de los migrantes y la ilusión del pasado feliz de los sedentarios? Pero si el nacionalismo tradicional es tan indefinible como «el amor a México» (sí, todos lo amamos, pero, sin retórica de por medio, ¿cómo se define este amor?), la nación permanece. Y aquí, otra vez, lo importante es la precisión en las definiciones. La nación conocida ha sido terriblemente injusta con sus minorías y sus mayorías oprimidas, es entrañable por su auspicio del arraigo psíquico y es muy cruel en la intensidad de sus *push factors*. Y no hay tal cosa como *lo nacional* válido para todas las clases y grupos. Cada quien habla de la patria según como le va en ella.

Una tendencia muy vigorosa consiste en puerilizar la vida social y política, y confundir la americanización, inevitable, con el candor infantil, tan ridículo. Aquí entran en escena grandes instrumentos del determinismo como los manuales de autoayuda, esas utopías a domicilio, esos consejos para quedarse con lo mejor del queso, motivarse para ser empresario a partir del salario mínimo, progresar en el empleo seleccionando los regalos para los jefes, etcétera. En la metamorfosis declarada: convertir al país en la gran empresa, a los manuales de autoayuda se les concede la reconstrucción «espiritual» de la república.

Apoyado en explicaciones del freudismo *light*, de la economía de élites, del fanatismo religioso, el determinismo se impone. Con diferentes tonos se insiste en el siglo XX: nunca dejaremos de ser periféricos, de sufrir complejo de inferioridad, de vivir en el subdesarrollo, de ser dependientes, de llevar la cruz del Tercer Mundo, en suma, de ser locales. El determinismo afecta a la izquierda y a la derecha, influye en la burguesía que considera a sus zonas residenciales «arcas de Noé», desemboca en situaciones como la huelga de diez meses en la UNAM con estudiantes convencidos de que el desempleo también alberga títulos académicos, influye drásticamente en las expectativas de los pobres, es el sustrato del campesinado, explica la facilidad con que penetró el narcotráfico, la pesadilla interminable de México.

Al determinismo que condena al país y a la gran mayoría lo impulsan la catástrofe de la educación, pública y privada, el imperio del analfabetismo funcional, el abandono de la lectura por los medios audiovisuales (un abandono teatral, porque de todos modos no se leía), la humillación salarial del magisterio, la condición pretecnológica de casi toda la educación pública, la explosión demográfica del estudiantado sin posibilidades de atención calificada; en suma, la crisis del universo de la enseñanza, un obstáculo inmenso para la democracia política y económica.

«Ni te esfuerces porque de cualquier modo te convertirás en los anuncios que estás viendo»

Psicológicamente, el llamado a la indefensión ante el poderío televisivo tal vez sea el más grave –por más fatalista– de los rasgos culturales de los años recientes. A pesar de las graves deficiencias de formación cultural, el fatalismo es una maniobra injustificable. Por desgracia tiene éxito y los mismos intelectuales están convencidos: los jodidos lo serán *ab æternum* porque hasta allí les alcanzará el salario. En efecto, el factor económico es de una importancia suprema, pero sus consecuencias paralizantes no son «ley divina» ni destruyen el valor de las ideas y los estímulos culturales. Pese a todo, la gente (ese término del que siempre se excluye quien lo emite) puede desarrollarse culturalmente.

Hacer de la pobreza el equivalente totalizador de la fatalidad es la técnica recurrente del poder. El presidente Carlos Salinas de Gortari afirmó: «En la pobreza no hay democracia», y el presidente Ernesto Zedillo expulsó de las ánforas a los que no multiasesoraban a las multinacionales: «Los pobres no votan». No se duda de lo difícil de implantar valores democráticos en medios desinformados (lo que incluye la ignorancia de los derechos colectivos y personales), y las alternativas no les resultan convincentes a los habituados a extraer de la televisión regular de México su repertorio de estímulos cotidianos. Pero la expulsión radical del ejercicio democrático y del desarrollo cultural es una estrategia clasista de largo alcance.

Al determinismo lo renueva la teoría que divide el mundo en globalizados y locales, continuadora de otras divisiones inexorables: metropolitanos y periféricos, desarrollados y subdesarrollados, primermundistas y tercermundistas, colonialistas y colonizados. El esquema es invariable: se exhibe lo innegable (el abismo entre países ricos y países pobres) y se eleva el hecho al rango de verdad teológica. Con celeridad se va más allá del darwinismo social: se es jodido porque nunca se abandonará el punto de partida. En rigor, la promoción de estos distingos abismales no obedece en lo mínimo a intentos descriptivos, sino a la conversión de lo real en lo fatal. «Nunca dejaremos de ser subdesarrollados», se dijo con el énfasis hoy aplicado a la condición local. Así, ¿qué escritor o qué pintor o qué cineasta o qué arquitecto o qué actor, puede «globalizarse»? Unos cuantos lo consiguen, pero a los demás se les muestra la escritura en la pared: «Hagas lo que hagas, siempre serás local». Hace todavía unos años, el lugar común le otorgaba un título nobiliario a los asilados en el Arca de Noé de la fama internacional: «Mexicanos Universales». Hoy se podría decir: «globalizados de *ring side*».

«Es tan provinciano que sabe todo lo que hizo en su infancia»

Se han diluido las fronteras antes inexorables entre *capital* y *provincia*, fronteras culturales, sociales, morales, y la distinción misma va perdiendo sentido. Algo queda sin embargo de la incomunicación o la separación profunda de estos mundos. Culturalmente, el centralismo produjo el país de una sola verdadera ciudad. A la capital acudieron oleadas sucesivas de jóvenes ansiosos de prescindir de su condición de *provincianos* y de volverse con rapidez *capitalinos*, con intereses y arraigos universales. A la provincia se le despojó de cualquier don retentivo y, pese a la gran cultura de su minoría ilustrada, de cualquier presunción admisible.

Diversos fenómenos (la televisión, la rapidez de las comunicaciones, el surgimiento de emporios económicos en las regiones del Internet), precipitan la caída en desuso del término que es un yugo: *provinciano*. Se intensifica la actividad cultural en las regiones, los jóvenes con capacidad se desplazan a todas partes, la villa global es verdadera en cuanto al nivel informativo instalado. Sí, pero el noventa por ciento de las ofertas culturales aún se concentra en la capital.

Al Estado, los gobiernos regionales, los partidos políticos y una parte amplia de los intelectuales, les da igual la democratización de la cultura. Las razones son diversas: no se la considera posible, se califica al intento de populismo (casi una herencia del realismo socialista), y se describe como imposición de los gustos elitistas en el sagrado espacio de autonomía de las clases populares, cuyo gusto orgánico va de las reproducciones fosforescentes de la Última Cena al patriotismo de closet que sólo estalla en ocasión de un triunfo de la Selección Nacional.

Esta indiferencia es aguda y costosa. Incluso en la pobreza se produce la democracia, pero la democracia no arraiga sin la diversificación de estímulos culturales, al existir ya las pruebas del aumento considerable del *otro* gusto, que favorece la música clásica, la lectura, el rock de calidad, el jazz, los museos, el teatro, la danza, las reproducciones de arte, algunos simposios. Esto no se atiende, porque, con programa pero sin proyecto cultural el gobierno no cree posible la ampliación de públicos, y todo lo destina al millón de personas de siempre, algo notoriamente insuficiente y despectivo.

Por omisión, las minorías que se sienten «rescatadas» condenan al infierno de la falta de alternativas espirituales a las mayorías que juzgan irredimibles.

Hacia lo global

¿Qué criterios definen el término *globalizador*? ¿Estamos ante la proclamación sin debate previo de un «cambio de mentalidad»? ¿Cómo asimilar el arrasamiento de la ecología, el fracaso de la mano de obra barata (¡ni eso!)? ¿La recesión agota las posibilidades de los jóvenes? Se quiere inducir el «cambio de mentalidad» a través de las definiciones esclavistas (según dicen del «modelo japonés») de eficiencia y productividad.

Hay otra «globalización» muy atendible. Aumenta la tolerancia, crecen las posiciones feministas, hay una conciencia creciente de los derechos humanos y de los daños del sexismo y la homofobia, se derrumban entre sus víctimas los prejuicios colonialistas externos e internos, y al nacionalismo lo complementa, y de hecho lo suplanta con frecuencia, una internacionalización cultural que toma muy en cuenta algunas tradiciones. Sin embargo, el término «globalización» aún se reverencia en abstracto. Me corrijo: se reverenciaba hasta el 11 de Septiembre.

Las mujeres asesinadas en Ciudad Juárez

En el trato a las mujeres la violencia ha sido en México el más palpable de los regímenes feudales. La violencia aísla, deshumaniza, frena el desarrollo civilizatorio, le pone sitio militar a las libertades psicológicas y físicas, mutila anímicamente, eleva el miedo a las alturas de lo inexpugnable, es la distopía perfecta. La fuerza y el peso histórico del patriarcado y la resignación consiguiente elevan a la violencia ejercida sobre un género a la categoría de obstáculo inmenso del proceso democrático, y sin embargo, esto aún no se reconoce.

El límite de las libertades femeninas y, para el caso, masculinas, aunque con énfasis y proyección muy distintos, es la mezcla del monopolio histórico del poder y la violencia. Así, la violación, el derecho de pernada de un género, el *jus prima nocti*, se consideró «natural» porque –el razonamiento era una sentencia– sacaba a flote la naturaleza teatral de la resistencia a la protección, y este dogma fue el predilecto de agentes del ministerio público y policías y jueces que responsabilizaban a las mujeres, tal y como lo hizo el cardenal de Guadalajara Juan Sandoval Iñiguez en 1998, al considerar culpables a las que en su modestísima opinión salían con ropa provocadora y movimientos sensuales. Sólo le faltó decir: «Si no quieren que les pase nada, salgan sin cuerpo».

Hoy la protesta se dirige contra la impunidad de la violencia, cuyo clímax trágico son las cerca de cuatrocientas o quinientas jóvenes asesinadas en Ciudad Juárez en un período de diez años, desde 1993 hasta la fecha, junio de 2003. En este fenómeno sangriento han fracasado las administraciones de Acción Nacional y las del PRI. Los gobiernos del PAN se especializan en el regaño a las víctimas y en 1994 el procurador de justicia del gobierno de Francisco Barrio acusó a las muertas porque «algún motivo dieron» o porque «provocaron a los criminales con su estilo de vida», y el gobernador Francisco Barrio, como se ve en *Señorita extraviada* (2000), el excelente documental de Lourdes Portillo, se tropieza con el lenguaje para resucitar a la moral del siglo XII. La consecuencia de esta teoría falsísima es bíblica, la paga del pecado (el ligue, la condición femenina) es la muerte.

¿Quiénes son los asesinos de Ciudad Juárez? ¿Se trata de un grupo o de una epidemia de *serial killers*? ¿Se contagian los patrones de exterminio? Al fin y al cabo las interpretaciones se subordinan a las aclaraciones puntuales que no llegan. Sorprenden las deficiencias de los investigadores y de las fiscalías especiales; asombra el ritmo de los crímenes y la semejanza de los métodos, y son imaginables el miedo entre las trabajadoras de la maquila y las jóvenes y sus familias. La violencia inmoviliza a las mujeres, cancela su libertad de movimientos, subraya la condición de «sexo débil» y fortalece la tradición del abuso, la fuerza física, la posesión de armas y la misoginia criminal.

¿Por qué es aún la acción judicial? Enumero algunas respuestas posibles:

a) La condición fronteriza de Ciudad Juárez impregna el imaginario colectivo de imágenes marcadas por la ausencia de la ley. No es sólo la pesadilla del narcotráfico, sino la idea de comunidades un tanto provisionales, que giran en torno a la posibilidad o imposibilidad de cruzar la frontera. De alguna manera, todos suscribimos la mentalidad fílmica y televisiva que hace de las zonas fronterizas emporios ya no del mal pero sí de la ilegalidad y el crimen. Esta fantasía primaria es en sí misma deleznable, pero es un paisaje de la recepción de la epidemia criminal.

b) Se ignora el papel especifico del narcotráfico y de los narcos en estos acontecimientos, pero sin duda influye el escasísimo valor concedido a la vida humana. Desde la introducción masiva del narcotráfico en Colombia, Perú y México, para ya no hablar de Estados Unidos, la valoración de los derechos humanos, nunca excesiva, se ha minimizado. Es fácil matar y es aún más fácil morir de muerte violenta. Por otro lado, el culto a las armas y la alta tecnología armamentística exigen no sólo la liquidación de las especies en el salvajismo de la cacería, sino el hecho de considerar casi literalmente a las personas objetos susceptibles de tiro al blanco. El narcotráfico ha desatado una guerra visible e invisible, la visible es el conteo de muertos por su causa, la invisible es el poder de impregnación de sus tácticas que alcanza a demasiados. Esta sería la premisa: «Si me han de matar mañana, mato a muchos de una vez». Y si ya se tienen las armas, ¿por qué no usarlas? Insisto: el despliegue armamentístico, la rapidez con que se consiguen revólveres o cuernos de chivo o lo que haga falta, desemboca en la obligación de asesinar. La tradición criminal estaba, ¿por qué no renovarla con la tecnología?

c) La falibilidad, por decirlo de algún modo, del Poder Judicial. El narcotráfico, con su capacidad de intimidación y compra, exhibe la disponibilidad de jueces, jefes policíacos (de distintos niveles), agentes del ministerio público, presumiblemente muy altos funcionarios, empresarios, comerciantes, militares, posiblemente clérigos. Y esto, por tiempo indefinido, emite licencias de impunidad. El casi ineluctable destino de los narcos incluye la cárcel o la muerte. Luego de la tortura cada uno se considera la excepción y a cada uno lo ampara el poder de compra del conjunto. Y al certificarse lo vulnerable del Poder Judicial, la noticia alcanza a la delincuencia entera: el delito es una acción tarifada y el dinero y la red de intereses absuelven por anticipado.

d) La consideración abstracta importa en demasía. Un muerto puede ser un acontecimiento gigantesco, así las conclusiones sean tan irrelevantes como las del asesinato del candidato del PRI Luis Donaldo Colosio en 1994, pero centenares de mujeres asesinadas en todo México afantasman la monstruosidad del fenómeno en la mirada de las autoridades. Las estadísticas de la sociedad de masas tienden a disolver la profundidad de los sucesos. Seis mil millones de habitantes del planeta es la explosión demográfica que todo lo minimiza. No es, como insisten tan torpemente los tradicionalistas, que la educación laica relativice los valores; la educación laica es la primera garantía de una sociedad civilizada, y lo que le da a los valores éticos su perspectiva relativizada es el conjunto de hechos ceñidos u organizados por la demografía. Se ve en las guerras, se advierte en la violencia urbana y se comprueba en los casos de Ciudad Juárez, o ahora, de varias ciudades del país. Siempre se requiere la comprensión humanizada y al abandonarlo todo en una frase: «Los izquierdistas asesinados en el sexenio de Salinas, las muertas de Juárez», se extravía el vínculo de las personas con las tragedias: la calidad de la identificación, la relación vivísima con seres ultrajados, sus esperanzas, su trayectoria, su familia. Hace falta un conocimiento más específico de las víctimas.

e) El papel de la prensa es determinante al situar hasta hace poco los crímenes en la página de crímenes y no en la primera plana, como corresponde. La televisión apenas le ha concedido importancia. Con esto se subraya la culpabilidad de las víctimas, porque ya muertas no logran defenderse.

Todo esto interviene en el caso de Ciudad Juárez, pero ningún elemento es tan decisivo como el desdén histórico por las mujeres desconocidas, es decir marginadas. Recuérdese un suceso de la Ciudad de México en 1992. Un grupo de prostitutas intenta organizarse para denunciar la explotación de los proxenetas y las agresiones policíacas. Van a la Asamblea de Representantes del D. F., testifican, dan nombres. Semanas después, dos de ellas son asesinadas en hoteles de paso. No se vincula su muerte con sus denuncias y pasan a la fosa común, ese sinónimo de la irrelevancia perfecta.

Todavía el sexismo es un punto de vista dominante. Y a esto se añade el clasismo. No sólo son mujeres, son en elevadísima proporción trabajadoras de la maquila y todas provienen de familias de escasos recursos. *Mujeres pobres* es el término que esencializa la invisibilidad social, la de los seres no contabilizables. Apenas figuran en los planes electorales, se les califica de «altamente manipulables», los ediles las toman en cuenta dos días al año y la autonomía en el caso de las madres solteras suele verse como «actitud pecaminosa». ¿Cuántas veces en los regaños clericales sólo se considera familia a la formada por el padre, la madre, los hijos, los parientes y el confesor? La epidemia homicida de Ciudad Juárez enfrenta también, y desde el principio, a la urgencia de imprimirle visibilidad a la miseria y la pobreza, y a las mujeres en esos ámbitos.

Los crímenes de odio se dirigen contra una persona y lo que simboliza, representa, encarna. Los más llamativos son los dirigidos contra los gays, agravio histórico que registra en México cada año decenas de víctimas. Pero nada supera en número y en continuidad a los crímenes de odio contra las mujeres solas, en especial las jóvenes. Se las asesina porque no logran defenderse, porque a los ojos del criminal su razón de ser es conceder el doble placer del orgasmo y el estertor, porque su muerte suele pasar inadvertida. (Casi como sucede con los *gays,* donde el 99 por ciento de los asesinos consigue la impunidad.)

¿Qué provoca el odio? Cedo la palabra a psicólogos, sociólogos y psiquiatras, pero aventuro una hipótesis: intervienen en gran medida las sensaciones de omnipotencia que se desprenden del crimen sin consecuencias penales y sociales para el criminal. No es sólo superior a los seres quebradizos, también se burla de las leyes y de la sociedad que tibia o vanamente las enarbola. Los de Ciudad Juárez son, *stricto sensu*, crímenes de odio porque los asesinos se vengan de sus fracturas psíquicas, de su lugar en la sociedad, de todos los momentos en que deseándolo no han obtenido reconocimiento, de la falta cotidiana de acceso a ese placer último que es el poder de vida y muerte sobre otra persona. Todo el sexismo profundo, degradado, sórdido de la parte más destructora del machismo, se vierte contra las mujeres cuya culpa principal es su condición de víctima. Así de reiterativo es el procedimiento de los crímenes de odio: se victima a quien, a los ojos del asesino, es orgánica, constitutivamente una víctima. El odio es una construcción social que se abate una y otra vez contra quienes no pueden evitarlo.

La marcha del color de la tierra

De 1994 a principios de 2001 el EZLN y Marcos encarnan el rechazo al determinismo. Se les persigue, el presidente Ernesto Zedillo falta de modo conspicuo a su compromiso (con firma) de respetar los acuerdos de San Andrés (resultado de larguísimas deliberaciones entre el gobierno, representantes de la sociedad civil y el EZLN), hay grandes marchas de apoyo en la Ciudad de México, el interés internacional se multiplica y hay reuniones en la Selva Lacandona con grupos y personas de muchísimos países. Por primera vez en la historia de México se puede hablar de la causa indígena como resultado de la unificación de grupos, tendencias artísticas e intelectuales de las etnias. En un período de nueve años se conoce más de la vida indígena y de su complemento directo, el racismo, que lo acumulado en medio siglo de escritos y tratados de buena voluntad o de paternalismo descarado. Marcos entra en correspondencia con publicaciones e intelectuales de Norteamérica, América Latina y Europa. Se le critica con vehemencia (el poeta Octavio Paz y el novelista Mario Vargas Llosa, entre otros), pero a un sector considerable su lectura le resulta provechosa y el EZLN se define a sí mismo como movimiento social.

La Caravana Zapatista de febrero y marzo de 2001 es un acontecimiento sorprendente. Un grupo numeroso de indígenas con pasamontañas viaja de la Selva Lacandona a la Ciudad de México y en el camino realiza mítines, encuentros y reuniones del EZLN con los representantes de las 53 etnias (o 56, las cifras oscilan) que les entregan los bastones de mando, un gesto simbólico profundo. En cada uno de los actos de la caravana hablan mujeres y se traducen los discursos al lenguaje de los sordomudos, como un gesto hacia los minusválidos. El lenguaje es siempre sencillo, intenta ser poético (a veces sin fortuna) y busca integrar un idioma común con sus oyentes, el de la ciudadanía pendiente, aplazada. El 26 de febrero de 2001, en la ciudad de Oaxaca, el subcomandante Marcos dirige un mensaje típico:

> Dicen [los poderosos] que rehuimos el trabajo y pocos, muy pocos, son los pueblos de la tierra en los que, como en muchos de los nuestros, el trabajo de cada quien se agrega al trabajo voluntario para el colectivo.
>
> Dicen que desperdiciamos lo poco que tenemos, pero ellos han sido los que han saqueado nuestras riquezas, los que han ensuciado el agua con las heces fecales del dinero, los que han destruido los bosques para traficar con madera, los que impusieron cultivos que agotan y dañan las tierras, los que promueven la siembra, el tráfico y el consumo de drogas, los que se engordaron con nuestra sangre hecha trabajo.
>
> Son en suma los que han destruido nuestra casa con su ambición y fuerza. Y ahora resulta que nos culpan por no tener una buena casa.

El 8 de marzo el EZLN entra a la Ciudad de México. En Milpalta la comandante Esther se explica: «No sabía hablar en español. Fui a la escuela pero ahí no aprendí nada. Pero cuando ingresé en el EZLN aprendí a escribir y a hablar español, lo poco que sé, estoy haciendo la lucha pues».

El 11 de marzo la Caravana Zapatista llega al Zócalo. Cerca de un millón de personas, de las cuales unas trescientas mil se congregan en el Zócalo, sale a recibirla. El discurso principal es de Marcos y su mensaje clarísimo es de una inclusión en la idea (el proyecto, las realidades) de México. Así concluye:

> Ciudad de México: aquí estamos.
> Aquí estamos como rebelde color de la tierra que grita:
> ¡Democracia!
> ¡Justicia!
> ¡Libertad!
> México: No venimos a decirte qué hacer, ni a guiarte a ningún lado. Venimos a pedirte humilde, respetuosamente, que nos ayudes. Que no permitas que vuelva a amanecer sin que esa bandera tenga un lugar digno para nosotros, los que somos del color de la tierra.

Se discute durante una semana en el Congreso si, con pasamontañas, los zapatistas tienen derecho al uso de la palabra en el Palacio Legislativo. Al fin se aprueba y se aguarda el discurso principal a cargo del subcomandante Marcos. Éste ni siquiera acude y el discurso central corre a cargo de la comandante Esther, de 35 años, al parecer maestra bilingüe de una pequeña comunidad de la Selva Lacandona y oradora formidable. En el Congreso de la Unión, el discurso de Esther hace vislumbrar la potencialidad y el talento ya presente de los excluidos históricos, y ésta es la lección fundamental: la manera en que el racismo aleja a grandes sectores de sus propias posibilidades, con tal de favorecer en exclusiva a una de las burguesías más limitadas de las que se tiene noticia.

El 28 de marzo de 2001 la comandante Esther habla ante el Congreso de la Unión y su discurso es sobre perspectiva de género:

> Ése es el país que queremos los zapatistas.
> Un país donde se reconozca la diferencia y se respete.
> Donde el ser y pensar diferente no sea motivo para ir a la cárcel, para ser perseguido o para morir.
> Senadores y senadoras:
> Quiero explicarles la situación de la mujer indígena que vivimos en nuestras comunidades, hoy que según esto está garantizado en la Constitución el respeto a la mujer.
> La situación es muy dura.

Desde hace muchos años hemos venido sufriendo el dolor, el olvido, el desprecio, la marginación y la opresión.

Sufrimos el olvido porque nadie se acuerda de nosotras...

Nosotras además de mujeres somos indígenas y así no estamos reconocidas.

Nosotras sabemos cuáles son buenos y cuáles son malos los usos y costumbres...

Esta reivindicación de la marginalidad la oye el país entero y a Esther se le ovaciona de pie en el Palacio Legislativo. En ese momento lo primordial no es lo político o lo legislativo, sino lo cultural en un sentido amplio. Se reconoce el rápido desarrollo de las indígenas, algo que no se les suponía capaces (el racismo como determinismo).

A las transformaciones extraordinarias del mundo indígena se opone con brutal eficacia la reacción de la derecha y el sistema político clasista, machista y racista (y aquí también participan los senadores del partido de izquierda, el PRD). Semanas después de la Caravana se aprueba una ley indígena que contradice las demandas de las etnias y todo parece volver a lo de siempre. Pero lo marginal ya tiene conciencia plena de su condición y este avance es extraordinario. Sin embargo, el rechazo de su proyecto de Ley Indígena es un golpe muy severo para el EZLN que se encierra, pierde su diálogo con la sociedad y en sentido estricto vive la involución de su discurso a través de planteamientos muy sectarios y anacrónicos de Marcos, al menos hasta el momento.

A manera de síntesis

La mentalidad determinista todavía afecta a la sociedad y el país entero está condicionado por las palabras que aluden a encierros de la insuficiencia. Los mexicanos son *subdesarrollados, dependientes, tercermundistas,* y ahora *locales.* La pregunta de Marcos: «¿De qué tenemos que pedir perdón? ¿De ser pobres, de ser indígenas, de ser marginados?» Es un gran alegato contra el determinismo y da la medida de la fuerza con que acontecimientos específicos se convierten en hechos simbólicos y viceversa. El hecho de que una mujer indígena ocupe el centro de la atención nacional durante media hora en el Congreso es un alegato formidable contra el determinismo; la marcha anual de junio de los gays y lesbianas en la Ciudad de México, con 50 o 60 mil asistentes, es un rechazo del determinismo; los avances en las libertades femeninas en una sociedad dominada por la Iglesia católica prueba la endeblez del determinismo. El eje del debate entre la política y la cultura se localiza en el enfrentamiento a los prejuicios que han dominado a una nación.

3. MOTOSIERRAS DE GUERRA EN EL PARAÍSO VERDE

Lúcio Flávio Pinto

¿Si los EEUU pueden bombardear, invadir y ocupar cualquier país del mundo sospechoso de albergar terroristas y armas químicas o de contrariar sus intereses fundamentales, no podrían acaso invadir la Amazonia cuya selva –subrepticia amenaza– además de funcionar como absorbente de la polución industrial americana, se escapa a cualquier tipo de control y constituye una reserva de recursos naturales e información biológica sin igual para sus empresas?

Preguntas como ésta empezaron a hacerse con más preocupación, dentro y fuera de la Amazonia, a partir del momento en que las dos inmensas torres del World Trade Center se derrumbaron, sepultando bajo millares de toneladas de concreto, hierro y vidrio a miles de ciudadanos de Nueva York, el centro de uno de los mayores imperios de todos los tiempos. La subsiguiente reacción agresiva del gobierno del presidente George W. Bush hacia el mundo árabe, que culminaría en la guerra contra Irak, estableció un clima de perplejidad e inseguridad en todos los lugares donde existe una tensión entre los intereses del imperio y una resistencia (o incluso una clara afrenta) local.

Según una corriente de interpretación geopolítica, desarrollada a derecha e izquierda del espectro ideológico en Belém do Pará o en Brasilia, en París o en Tokio, la Amazonia sería uno de esos depósitos de conflictos. La piedra de toque de estos análisis es el concepto de *soberanía limitada o restringida*, que estaría desarrollándose en la cabeza de un buen número de los dirigentes más poderosos del mundo y que ya ha llegado hasta la boca de algunos de ellos, como es el caso de los presidentes franceses François Mitterrand (ya fallecido) y Jacques Chirac –el primero de centro-izquierda y el segundo de centro-derecha–, además de algunos militares del Pentágono.

El Brasil, sin un control adecuado o sin la presencia necesaria en la Amazonia, tendría en tal caso una soberanía relativa sobre su territorio, que quedaría abierto a una supervisión internacional. Naciones indígenas por un lado (con sus «territorios liberados») y ONG por otro, con su actuación paralela al gobierno, serían los elementos de introducción a esa nueva realidad. De una forma u otra, los bancos y las agencias internacionales estarían apoyando esa infiltración. Un poco más y la presencia de esas instituciones extranjeras se superpondría y preponderaría sobre la del gobierno nacional.

Semejante línea de raciocinio no es reciente. Por el contrario, parece haber llegado a la Amazonia con el colonizador europeo en el siglo XVI, supliendo su incapacidad de ocupar y asegurar para sí el vasto territorio del mundo legendario de El Dorado –con un tamaño equivalente, en el continente suramericano, al de los EEUU–. Para el Portugal quinientista, el Brasil era su único aval para el futuro, el antídoto a la decadencia de un imperio que, en su época, podía compararse con el americano de nuestros días y que llegó a durar 250 años, es decir, cinco veces más que la edad ya alcanzada por el imperio *made in USA*.

La consolidación de la presencia portuguesa en ese territorio septentrional que llegaría a ser tratado como otro Brasil, con una identidad y un gobierno autónomos, fue obtenida militarmente en el litoral –expulsando a los piratas ingleses, franceses y holandeses– y en el interior mediante la astucia combinada con el barbarismo de sus *bandeirantes*, quienes ignoraron los pactos internacionales para usurpar tierras españolas situadas más allá del límite establecido por el Tratado de Tordesillas.

Cuando el Brasil meridional se inclinó por la independencia, el Brasil septentrional fue tratado a sangre, fuego y despotismo sin tapujos (por el Marqués de Pombal) para que continuara siendo portugués. Sólo se libró de la dominación colonial a costa de una sangrienta insurrección: la *Cabanagem* (1835-1840). De haber ocurrido hoy, dicha insurrección habría causado dos millones de muertes en cinco años, 40 veces más que todas las bajas americanas en la guerra de Vietnam, de más de una década de duración.

La fragilidad del Estado nacional frente a la extensión territorial de la región y la codicia internacional sobre la misma

–derivada de riquezas más hipotéticas que concretas– constituyen los elementos esenciales de esa visión geopolítica que, en sus exacerbaciones, deriva a una pura teoría conspirativa. Un inventario sin criterio de todos los incidentes de la historia de las relaciones de la Amazonia con el mundo exterior, alimentará la conclusión de toda esa literatura sobre la permanente e insaciable codicia internacional, según la cual dicho apetito voraz nunca llegó a consumarse sólo gracias a la maestría de los colonizadores portugueses y de sus sucesores brasileños, ambos, por lo demás, colonizadores *latu senso* en su *realpolitik* amazónica.

Una revisión más rigurosa del pasado revelará, sin embargo (y ya lo está revelando, contra las resistencias ortodoxas a izquierda y derecha), que las naciones más poderosas que la vieja Portugal y el joven Brasil, no tuvieron en cuenta militarmente a la Amazonia sólo porque no quisieron: les resultaba más interesante y rentable seguir teniendo acceso a los recursos naturales de la región, los cuales ya se habían transformado en mercancía (y por tanto con aceptación y demanda en el mercado mundial) a través de un gobierno nacional que ya estaba constituido. Era ocioso substituirlo por un nuevo gobierno, con todas las pesadas inversiones (materiales y humanas) necesarias.

Inglaterra se estableció como el gobierno metropolitano de Asia, pero rechazó la oferta (confidencial y hasta hace cinco años desconocida) que le hizo el regente brasileño Diogo António Feijó, en diciembre de 1835. El regente propuso que Gran Bretaña invadiese con tropa armada la Amazonia para reprimir la *Cabanagem*, la sangrienta revuelta de los nativos contra el régimen colonial lusitano, que se mantenía intacto trece años después de la independencia nacional. La *Cabanagem* fue interpretada en Río de Janeiro como una amenaza de separación del naciente imperio brasileño (los ecos amazónicos siempre han llegado distorsionados a los oídos de la capital nacional, tanto a Río de Janeiro como ahora, a Brasilia).

¿Para qué gastar tanto dinero y, eventualmente, vidas humanas en la sustitución *manu militari* de un gobierno nacional por una metrópoli de ultramar, si las mercancías llegaban en la cantidad y el precio convenientes a la *city* de Londres, que disponía de las reglas y herramientas para establecer la forma de producción y su flujo?

Los geopolíticos de templete olvidan que después de la desorganización de la vida social y económica provocada por la *Cabanagem*, con la muerte del 20% de la población de aquel entonces (30 000 de los 150 000 habitantes), la opulencia que comenzaría en la segunda mitad del siglo XIX con la explotación del caucho, fue financiada por el capital inglés que estableció su casa bancaria antes que el Banco del Brasil izara su bandera en el ignoto sertón amazónico.

Esa nueva visión retrospectiva arroja luces sobre el siglo XIX y al menos sobre la primera mitad del XX. Exige además una nueva forma de situar episodios como el del Instituto Internacional de la *Hiléia*[1] Amazónica, posterior a la segunda Guerra Mundial (una creación de la Unesco con dos brasileños insignes al frente, aunque atribuida a los EEUU a pesar de que los americanos, ya presentes de otra manera en la región, no sólo se habían negado a respaldar la *Hiléia* sino que además la boicotearon). El siglo XXI, que en rigor comenzó con la crisis energética mundial de 1973, atrayendo la atención de todos al lugar de mayor concentración de energía *in natura* del planeta, exige un abordaje más sofisticado y complejo. Pese a todo, dicho abordaje nada tiene que ver con la fórmula de las conspiraciones de los geopolíticos.

La revelación de la riqueza amazónica es todavía una tarea pendiente, aunque ya no se trata de una leyenda o de una utopía como sí lo fue en el período anterior a los primeros levantamientos sistemáticos y en profundidad, desencadenados a raíz del esfuerzo que supuso la guerra de los años cuarenta del siglo pasado, a partir de la Comisión Mixta Militar Brasil-Estados Unidos. Algunos recursos naturales de la región, sobre todo los minerales, están ya consolidados como *commodities* de relevancia mundial o materias primas de importancia creciente, como ocurre con el estaño, la mena, la bauxita, el aluminio, el manganeso, el calcio o la madera. Para algunos sectores de producción internacional que cuentan con insumo amazónico, éste se ha vuelto imprescindible.

Todos los cálculos económicos de futuro incluyen el factor amazónico como algo relevante, sobre todo para sectores de

---

1. *Hiléia* es la denominación adoptada por Humboldt para designar la región botánica que ocupa la mayor parte de la Amazonia Brasileña *(n. del t.)*.

vanguardia como la biotecnología, la ingeniería genética, la tecnología de nuevos materiales, el control de la polución y naturalmente los refugios de vida salvaje, cada vez más vitales para la supervivencia de la humanidad o la manutención de su ciclo de evolución y progreso. Algunos creen que esa situación llevará a las naciones más poderosas a exigir la manutención de la configuración original de la Amazonia, su carácter de bien intocable, ya sea para usufructuar el efecto purificador de la masa vegetal o bien para contar siempre con una fuente de informaciones genéticas, frecuentemente sujetas a la biopiratería.

De momento, no existe en el horizonte visible de la historia una posibilidad de invasión militar de la Amazonia para la satisfacción de esos intereses ultramarinos, ni siquiera bajo el impulso de un nuevo ímpetu policial de la todavía poderosa nación americana, comandada por el hijo (literalmente hablando) de un guerrero frío. Las condiciones ya no son las mismas que en 1835, cuando Feijó le pidió a lord Palmerston que invadiera el Amazonas y matara a los rebeldes cabanos con la protección confidencial del gobierno imperial, carente de fuerzas propias para ejecutar la represión. No obstante cabe hacerse la misma pregunta: ¿qué podría proporcionar la presencia militar a esas potencias que ellas ya no tengan a su alcance mediante una vía legal y menos onerosa?

Por otro lado, ¿una relación altiva e inteligente frente a un mundo cada vez más interesado en la Amazonia, demostrando una competencia específica en materia amazónica superior a la de cualquier otro interesado en el asunto, consiguiendo las mejores metas (humanitarias, nacionales y regionales) hasta ahora establecidas, no sería la manera más eficaz de imponer la soberanía nacional sobre la mayor frontera de recursos naturales que existe en este momento en el planeta? Así se conciliaría la función que la Amazonia debe desempeñar en el mundo con su deseo más legítimo: seguir siendo el territorio de la armonía entre el agua, la luz y la masa vegetal de éste, nuestro universo amenazado.

Sobre este punto deberían ponerse de acuerdo los habitantes del Amazonas y los extranjeros de buena voluntad, conscientes de que, si bien más demorada y mucho más costosa, esa es la única manera inteligente a disposición del hombre para introducirse como elemento creador del paisaje amazónico. La diferencia a favor de los nativos es que estos poseen soberanamente dicho patrimonio. Y hasta la fecha esa es también su mayor responsabilidad. Aceptar la perpetuación y la ampliación de los errores cometidos en la región es un verdadero crimen de lesa humanidad. Para no autorizar a ningún otro pueblo a que tire de las orejas y levante la voz, elaborando acaso algún acto de agresión más directa a la región, los habitantes de la Amazonia necesitarían –y de manera urgente– reestablecer la primacía de la naturaleza en la frontera del caos.

La codicia internacional

El problema reside exactamente en este punto: el Brasil está dando uno de los más negativos ejemplos en toda la historia de la humanidad sobre cómo no se debe ocupar una frontera. Lección aún más denigrante si tenemos en cuenta que ahora, al contrario de los casos anteriores, el conocimiento posibilita no repetir los errores del pasado. La Amazonia empezó el siglo xx con no más del 0.5% de su paisaje original alterado por el hombre, esto es, una extensión aproximada de 15 000 km². La naturaleza era el elemento dominante. El hombre, apenas un detalle. La gran masacre había sido humana con las matanzas de indios, algunas de ellas motivadas por el expansionismo colonizador y otras sin motivo alguno.

Un siglo después el área alterada pasa del 15%, superando el medio millón de kilómetros cuadrados. Siguiendo la tasa de menor densidad posible eso significa que cinco millardos de árboles fueron derribados, con una intensidad mayor –casi total– entre cuatro décadas de dicho período, desde 1960 hasta el año 2000. Apenas una fracción de esa devastación vegetal fue aprovechada económicamente y el uso que se le dio fue el de menor valor relativo: la producción de madera sólida.

Éste fue el principal acontecimiento amazónico del siglo xx.

A principios de dicho siglo la Amazonia encantó a uno de los más brillantes brasileños de esa época, un hombre que la recorrió como ingeniero, pero sin perder la inventiva del escritor. Impresionado con una naturaleza todavía inconclusa, arrebatadora, con ríos que cambiaban de curso e islas que se movían como si caminaran, Euclides da Cunha entendió que la

Amazonia era el último capítulo del Génesis y que éste debía ser escrito no con una mano divina sino, delegado por aquélla, con la del hombre.

La *selva selvaggia, aspra e forte* provocaría en el escritor paulista un libro tanto o más grandioso que *Los sertones*, en el cual los personajes principales no serían hombres, sino ríos, árboles, suelos, la tierra invirtiendo la estructura de la novela para ser su apogeo y no simplemente el preámbulo. Claro está que la perspicacia permitiría a Euclides observar que el *seringueiro*[2] era el único ser que trabajaba para esclavizarse a sí mismo. Cuanto más trabajase, más necesidad tendría de abastecerse en el barracón del seringalista, su proveedor, donde los precios de venta estaban hiperinflacionados. Y mayor, por tanto, sería su deuda, ya que el caucho entregado por él se recibía a precios viles impuestos por el comprador monopolista, cuyo poder se basaba en una relación de apariencia e inspiración medieval y por ende, capaz de crear fantasías entre los estudiosos que viajaban a la zona por vez primera (y generalmente última, sobre todo cuando se trataba de académicos).

Los hombres ya se llevaban mal entre sí, aunque ese no era un problema nuevo en la historia. Con todo la naturaleza continuaba estableciendo su imperio, en condiciones de lamer y hasta de sanar las pocas heridas que ya entonces habían sido abiertas en su cuerpo. La forma económica de producción en la Amazonia era la explotación forestal, que entre las pocas tentativas de establecer una empresa comercial en la región, sobrevivió como la más notable en el siglo XVIII bajo el despotismo ilustrado del Marqués de Pombal.

Los portavoces, los intérpretes, los abrealas de la naturaleza eran el indio, en tendencia decreciente, y el caboclo, en ascenso por efecto del mestizaje. Sus leyendas describían una naturaleza no sólo prevaleciente, sino además mágica. Un bejuco pasaba sin problemas de su condición natural a la función mágica, asumiendo un aspecto antropomórfico, como si los dioses griegos hubieran resucitado en pleno *rain forest*, encontrando en los nativos unos compañeros a su misma altura.

Esa fisonomía permaneció relativamente intacta hasta la década del cincuenta, cuando el dominio americano, sucedien-

---

2. *Seringueiro:* jornalero de las plantaciones amazónicas de caucho *(n. del t.).*

do en una versión ampliada al imperio británico de preguerras mundiales, puso fin a esa ecuación abierta que deslumbrara a Euclides (antes de que una bala intrusa anticipara el fin de sus días). La Amazonia salía del huerto de la mitología para ser incorporada al circuito de la mercancía. ¿Y cuál era la primera mercancía potencialmente apta? La respuesta a esas alturas era simple: petróleo. ¿En últimas, no era allí donde estaba la mayor capa terciaria del planeta, estrato donde se acumulan los hidrocarburos? Hacer brotar petróleo era una cuestión estadística, proporcional a la cantidad de perforaciones.

En una de las primeras, en Nueva Olina, en el Amazonas, el petróleo chorreó a borbotones. No obstante, sólo se trató de un chorro precoz que acabaría por atrofiarse. Sin buenas rocas que lo almacenaran y sin la presión adecuada, el petróleo fluía horizontalmente pero no brotaba a la superficie. La regla de probabilidad tendría que ser postergada. Con la tecnología más moderna de entonces los americanos no tardaron en concluir que el petróleo era un asunto para mucho tiempo después, cuando las técnicas de prospección y extracción fuesen perfeccionadas. A corto plazo, lo mejor estaba detrás de esas formaciones geológicas más recientes, en los espinazos del precámbrico, estratos con una rica mineralización.

La información de que un caboclo de Amapá había encontrado una piedra negra valiosa, sonó como música en esa antesala del gigantismo de los EEUU que es su industria siderúrgica: era manganeso, la mayor parte del cual era obligatoriamente importado de África por las empresas americanas, ya que el acceso a los mayores depósitos pertenecían a la URSS y estaban bloqueados por la guerra fría. La segunda mayor de las siderúrgicas, la Bethlehem Steel, abrió el capítulo final de la inserción mundial de la Amazonia, explotando el yacimiento de la Sierra del Navío, que tras cuatro décadas de una labor intensa y voraz, ha llegado a agotarse hace tres años. La primera de las gigantes (o paquidermos), la United States Steel, se estableció al otro lado del río, en Carajás, en la región de Pará.

Pero si se trataba de avanzar por sobre el área de inundación del Amazonas y alcanzar sus tierras altas, ¿por qué no inundar esa depresión y llegar a los claros por agua? Tal era la consecuencia lógica del plan de los grandes lagos amazónicos, refrendado por Herman Kahn –el hombre con el coeficiente intelectual más alto– y su Instituto Hudson de Nueva York, que cosía unas con otras las diversas propuestas aisladas que otros presentaban. El mayor de todos los lagos, en Óbidos, la sección más estrecha del Amazonas con dos kilómetros de ancho, inundaría Santarém y Manaus, entre otras ciudades de la cuenca, aunque hubiera permitido generar cien millones de kilowatios (el equivalente a 12 hidroeléctricas de Tucuruí, la segunda mayor en funcionamiento en el Brasil y una de las más grandes del mundo, ubicada en el río Tocatins, en Pará), a través de un embalse de baja caída.

Pero esto era sólo un juego intelectual. La espina dorsal del proyecto eran las tierras firmes, hasta entonces la parte desconocida de la Amazonia. En esos parajes sólo se habían asentado las poblaciones más primitivas o aquellos grupos indígenas expulsados de la margen del río por la persecución de los colonos europeos, quienes si en el litoral vivían arañando playa, en la Amazonia sólo iban hasta donde pudieran hacer rodar la madera hacia el primer curso de agua. Se trataba de una limitación dictada tanto por el mercado como por la tecnología. De la orilla no se alejaban más de cuarenta o cincuenta kilómetros, mientras que por el río sólo iban hasta su límite razonablemente navegable.

A partir de la apertura de la carretera Belém-Brasilia –inaugurada en 1960 sobre la vertiente de una directriz interna, aún a la zaga de la «carrera al oeste»–, y de la Transamazónica –que incorporó un principio geopolítico, «integrar para no entregar»– el elemento nuevo e irremediable es desde entonces la ocupación de la tierra firme amazónica por la carretera, una vena artificial rasgada en el centro de la región que ha acabado por transformarse en foco indiscriminado de problemas y punto de atracción para gente y sueños, como ocurriera antes con los antiguos matamoscas. La apertura de esa frontera no se hizo para realizar un proyecto de descubrimiento de lo nuevo, con su posterior incorporación en la justa medida y capacidad de sus recursos. Era un proyecto negativo, contra algo.

En el ámbito interno se trató de una respuesta al secular problema (o manipulación) de la sequía en el nordeste, de la mano del latifundio dominante en la Zona da Mata, tierra rica y desde siempre controlada por los mismos industriales que ante cualquier anomia social suelen recetar el amargo remedio de la migración obligatoria, avivada con mitologías sebastianistas o de otra índole, como la bandera verde, con los mismos propósitos de siempre: enviar la riqueza a sus socios de ultramar, donde también establecen su segundo (en realidad, principal) domicilio físico y mental.

En el plano externo las autopistas de penetración en lo desconocido de las selvas altas eran una afirmación de la soberanía nacional contra la codicia internacional. Los piratas del contador Geiger (hoy armados de GPS) podrían aprovecharse de contar con tanta espesura para ocultarse y de tantos habitantes rurales a quienes poder manipular. La inmunización contra ellos consistiría en sustituir selva por pastos, carreteras, terrenos cultivables, ciudades, hidroeléctricas, en fin, imponer la marca del hombre sobre la de la naturaleza, la marca estandarizada.

Lo entonces perdido sería compensado con que uno de cada dos habitantes de la Amazonia (hoy 17 millones) siguiera siendo brasileño, mientras los 5 millones de km^2 de la Amazonia se entregaran a la administración y a esa panacea dudosa (cuando no letal) conocida como incentivos fiscales. Por eso a nadie le importaba cuando millares de árboles eran derribados y quemados para plantar en su lugar el capín que luego serviría de alimento a unos inciertos bueyes, después de una incierta actividad productiva en ese futuro sin futuro (o como se diría a continuación, no sostenible, cíclica, rotativa).

Al final la tierra tenía tanto más valor cuanto más desnuda estuviera (de ahí el concepto operativo de VTN, el valor de la tierra desnuda, usado por el gobierno para promover la colonización agrícola), despojada de su capa original para dar lugar a mejoras, sin las cuales nadie más podría ser el dueño del inmueble (para entonces ya con valor de cambio y no sólo de uso, como ocurría con la forma prevaleciente bajo la explotación forestal).

Por efecto forzoso de esa lógica de la desinteligencia, los brasileños garantizaron su lugar en la historia universal –no sólo de este siglo, sino de todos, pasados y probablemente futuros, dada la falta de una materia prima con la misma abundancia– como el pueblo que más destruyó la selva en tan poco tiempo del siglo (sólo cuatro décadas representativas).

Quienes escriban sobre nosotros con mayor distancia en el tiempo difícilmente conseguirán entender semejante irracionalidad. Ese es, pues, el nudo gordiano amazónico. O estamos ante una región igual a las otras del planeta o hay en ella un componente diferenciador al que dimos el nombre de Amazonia, a partir de una antigua fantasía española de finales del siglo XV y comienzos del XVI, que hablaba de unas guerreras amazonas nunca vistas por el primer colonizador europeo llegado aquí antes de Cabral, pero que él quiso ver (y que es, a propósito, una de las tradiciones de la producción intelectual sobre la Amazonia que perviven hasta hoy, al menos en Occidente).

La respuesta nacional

Ese especial «organismo armónico» que tanto nos sorprende es el producto de una extraña sinergia entre agua, sol y vegetales, en un circuito absolutamente cerrado donde el suelo es un elemento circunstancial en la mayor parte del territorio. Ese conjunto no tiene espacio para el hombre, más intruso aquí que en la mayoría de los otros lugares de esta tierra azul. El hombre incluso puede ser admitido en el escenario, pero pidiendo permiso, quitándose los zapatos, tirando el cigarrillo allá afuera, aceptando las reglas del juego. Eso no quiere decir que la Amazonia deba guardarse en una burbuja o que deba convertirse en museo o santuario. Pero es preciso que la economía principal sea la de la naturaleza, ya que es exactamente la naturaleza lo que debemos aprender a usar de forma inteligente, con ganancias.

La deducción lógica de ese presupuesto es que la ciencia tiene una importancia decisiva, esencial en la Amazonia. Es cierto que no existe una ciencia en abstracto, altruista, al servicio de una humanidad genérica. Pero, exceptuando acaso al arte, es en la ciencia donde el margen para la autonomía es mayor que en otros campos de actuación del hombre. La ciencia es casi siempre utilitaria, tiene una ruta previa y puede servir a lo antihumano (cuyo ejemplo más aterrador es el nazismo). Pero no siempre es así. Principalmente cuando el hombre se preocupa de otras cosas, ella suele tener un papel decisivo.

Fue lo que ocurrió en la posguerra con el Instituto de la Hiléia Amazónica. Luego de que el senador minero (y ex presidente de la República) Arthur Bernardes, liderara una campaña contra el proyecto, pasó a ser visto como la quintaesencia de la sumisión. No obstante, ¿qué iniciativa sería considerada proimperialista después de la segunda Guerra Mundial sin un patrocinio, apoyo o simpatía de los Estados Unidos? O lo que es peor: ¿enfrentando la aversión de los americanos? Pues sería la Hiléia, que primero fue nacional y luego se internacionalizó en busca de la solidaridad de los hombres de buena voluntad; concebida por brasileños, la propuesta fue torpedeada por Tío Sam tras tras los bastidores y de manera explícita.

En el interregno entre el alivio mundial con la derrota del Eje y el desencadenamiento de la guerra fría, la Unesco, la bandera científica de la ONU, era casi un campo neutral o al menos lo suficientemente independiente para no servir de biombo a un mero expansionismo económico o cultural. El modelo de un nacionalismo estrecho, incapaz de abarcar una nación tan multifacética como Brasil y que siempre dejó de lado a una región exageradamente grande (en todos los sentidos) como la Amazonia, cortó de raíz una idea que tenía semillas lo suficientemente buenas como para que, al menos, fuera ensayada.

Los gérmenes de esa necesidad sobrevivirían aún durante el período (1953-1966) en que la SPVEA (Superintendencia del Plan de Valorización Económica de la Amazonia, antecesora de la Sudam, la Superintendencia de Desarrollo de la Amazonia, creada en 1966 y extinta en 2000 para dar lugar a la Agencia del Desarrollo de la Amazonia, creada en el papel pero todavía no implantada de hecho) inauguró la planeación regional en el Brasil con un documento de crédito o una moratoria: antes de dar la señal de partida con agudas notas nacionalistas ante la amenaza inminente de la codicia internacional, era preciso estudiar, revelar, valorizar.

Pero aquello duró poco y poco fue lo que logró. Más tarde (1971-1973), mientras el modelo de colonización fue la colonización oficial dirigida, los *bulldozers* avanzaron bajo la frágil selva de tierra firme y extendieron a su paso el alambre de púa. Cuando los aparceros se hicieron con un gran capital y cerraron la portería de aquello que se diseñaba como el edén agrícola nacional, donde por la simple extensión espacial el antiguo aparcero o arrendatario forzosamente se convertía en propietario rural, el procedimiento consistió en arrasar extensos descampados.

Los índices de deforestación han bajado con respecto a aquellas cifras dantescas de la década de los ochenta, pero ni descendieron tanto ni lo hicieron para siempre. Existe una fe en el carácter positivo de esas cifras, pero también persiste el temor arraigado de que el control o la limitación de la actividad productiva, tal como se entiende más allá de la Amazonia, se convierta en un caballo de Troya del que saldrán los enemigos griegos en medio de la noche silenciosa, para apoderarse de la mayor parte del país (internacionalizándola y quién sabe si, tras el desastroso Plan Colombia de Clinton, americanizándola).

Se desconfía tanto de la ecología en este fin de siglo como se desconfiaba de los antropólogos en el siglo pasado (y todavía a mediados de éste). Muchos antropólogos no eran más que mercaderes de sus patrones imperialistas en tierras ultramarinas, pero la antropología equipó al hombre con un espejo reflectante y una brújula que le sirven para escapar de los círculos concéntricos, limitantes, empobrecedores. La ecología también llegó para quedarse, a despecho de todas las brujerías, manipulaciones y bellaquerías, porque constituye una de las válvulas de seguridad para un hombre que adquirió el poder de destruir su propio universo o de convertir una explotación irracional en una nueva edad de las cavernas.

Ciertos filibusteros se pueden escudar en argumentos ecológicos para vender sus peces o robar los ajenos, pero esta clase de gente no será detenida con el Sivams (el Sistema de Vigilancia de la Amazonia, un programa de control de la región por valor de 1.4 millardos de dólares) o con ejércitos, ni con una anacrónica letanía progresista. Contra ellos la mejor fuerza será la del conocimiento y la información. Nadie hará daño alguno a la Amazonia si su pueblo sabe sobre ella más que cualquier otro, con medios para defender y afirmar su conocimiento y soberanía. Tan bien armado, el habitante de la Amazonia podrá enfrentarse a cualquier auditorio, probarse en cualquier confrontación y abrirse a la cooperación sin riesgo, sirviendo de instrumento al efecto multiplicador que será ejercido más allá de la región.

La conciencia amazónica

Hoy en día la Amazonia es un territorio plenamente brasileño y sus habitantes son ciudadanos integralmente brasileños, no obstante, ¿la región y su pueblo son ahora más ricos que antes?

¿Consiguieron acaso disminuir la distancia que los separa cada vez más de los brasileños más ricos (por no hablar de los extranjeros muchísimo más ricos)? ¿Tienen dominio sobre su voluntad (o tienen voluntad siquiera)?

Un ciclo de grandes proyectos sólo dio como resultado el empobrecimiento relativo de la región respecto a sus supuestas iguales. Entre tanto ya comienza un nuevo ciclo con el cobre, el calcio y la soja, prometiendo las mismas cosas, llevando a cuestas los mismos orígenes y los mismos defectos. ¿Entonces, por qué dar cabida a nuevas expectativas?

Ahora bien, al contrario de lo que dice la retórica, la Amazonia no es de hecho una prioridad nacional para el Brasil, a pesar de todo lo que digan los discursos y los mensajes publicitarios. Infelizmente, los brasileños todavía ignoran qué es la Amazonia y lo que es todavía peor, ni siquiera los habitantes de la región poseen esa conciencia. Parece improbable –por no decir imposible– que la nación se convenza de algunas premisas fundamentales de la «cuestión amazónica», que ya son consideradas como verdades por la ciencia. Si esa cultura hubiese sido incorporada los defensores de la deforestación como factor de desarrollo se habrían vuelto tan anacrónicos y ridículos como un finlandés que defendiera la destrucción de sus bosques (que muestran una productividad notablemente superior a la brasileña, a pesar de contar con un recurso natural incomparablemente inferior).

Cualquier colegial en cualquier parte del mundo, ante la pregunta de qué es Egipto responderá sin vacilar: un producto del Nilo. La frase está en todos los manuales, desde las primeras letras. Creó un refrán universal sobre un país que posee una relevancia planetaria desde hace miles de años.

Si la pregunta se refiriera a la Amazonia, ¿cuál sería la respuesta? Para ser convincente, de acuerdo al concepto asignado a la civilización egipcia, la respuesta debería vincular a la región con dos de sus elementos naturales: el agua y la selva. Tan sólo dos de sus apabullantes evidencias físicas. Un tercio de las selvas tropicales que sobreviven en la tierra están concentradas en la Amazonia, un territorio equivalente al de los EEUU cuando se considera la masa vegetal, independientemente de las fronteras nacionales de los seis países latinoamericanos que la contienen. Una quinta parte del agua drenada por los ríos del planeta en los mares circula por la cuenca amazónica, con numerosos afluentes que contribuyen a formar el más extenso y caudaloso de todos los ríos, el Amazonas.

¿Cuántos serían capaces de asociar la esencia amazónica a la combinación de vegetación y agua? Los resultados de la tercera edición de una encuesta nacional de opinión pública realizada desde 1992 por el Ibope, por encargo del Ministerio de Medio Ambiente y el Instituto de Estudios de Religión (Iser), indican como creciente la proporción de personas que entienden la relación, valorizando por ello el patrimonio natural del país.

De las dos mil personas entrevistadas por el Instituto en octubre de 2001, un 28% consideraba las selvas como el principal motivo de orgullo nacional, ese plus que valoriza al Brasil en el escenario mundial. Los ríos, o más directamente la cantidad de agua dulce en circulación por su territorio, son el segundo patrimonio más recordado, aunque por un número mucho menor de personas que sólo llega al 4%.

Agua y selva, por lo tanto, constituyen la ventaja brasileña en el concierto de las naciones para el 32% de los entrevistados; sumados otros componentes naturales, el índice asciende al 39%, contra un 30% de los encuestados en el anterior sondeo realizado cuatro años antes.

La evolución de un 30% en el período 1887-2001 es significativa. De ahí el optimismo de los responsables de la consulta con el cuadro de mejora de la conciencia ecológica nacional. Sin embargo, la encuesta excluye datos preocupantes. Si bien el brasileño está más atento a la naturaleza, aún no da el paso de la fase estática a la postura dinámica. La naturaleza es considerada como sagrada para un 67% de los brasileños, una actitud compartida por un 57% de los encuestados en 1992. Es decir: la visión es idílica, edénica. La naturaleza está allí, representa una grandeza dada y así debe continuar, pero eso es algo que no depende de nosotros.

Nunca se pasa al siguiente estadio de entenderla para poder ser parte de ella. Sólo quien vive en la Amazonia sabe que la naturaleza no es un museo, ni un cuadro en la pared, una tarjeta postal, un pequeño escaño de la memoria o un adorno en la conciencia, porque quien vive en la Amazonia ve cómo la naturaleza se reduce cada año, sin saber lo que de hecho ella significa y sin poder hacer cosa alguna para que siga siendo lo que es, al menos hasta que llegue a ser comprendida y controlada.

Es precisamente por eso que la proporción de gente que incluye a los seres humanos entre los elementos naturales fue mayor (40%) en la región norte, por encima de la media nacional y muy por encima de una región que, aun tratándose de una extensión de la Amazonia o que al menos hasta cierto punto comparte su fisonomía, presenta el índice más bajo de inclusión del hombre en el ecosistema, con un 32% según la encuesta del MME/Iser.

La cantidad de selva amazónica derribada cada año equivale –en la mejor de las hipótesis, teniendo en cuenta la cantidad de los años de deforestación menos intensa– al territorio de Chipre, donde viven ochocientas mil personas. El área ya alterada en la región, si formara un país, constituiría el país más grande de Europa Occidental, con sus casi seiscientos mil kilómetros cuadrados. Si se considera a la Amazonia legal (un concepto administrativo para efecto de incentivos fiscales), que incluye partes del centro-oeste y del medio-norte, la deforestación ya ha alcanzado un 12% del total.

Si sólo se toma como referencia la selva frondosa, la *Hiléia*, el área sometida a la deforestación llegaría al 20% de esa región, resultante de la extraña combinación entre la selva y el agua. Su integridad ya está sujeta a una alta tasa de riesgo casi mortal.

Cuando realizó sus heroicos y maravillosos viajes por el pantanal matogrosense, a principios del siglo XX, la Comisión Rondon calculó que quinientos mil kilómetros cuadrados de ese paraíso bastarían para alimentar a todos los brasileños en el futuro. Es probable que el positivismo, la matriz mental de esos militares pioneros llenos de optimismo, les haya impedido captar debidamente la fragilidad de aquel ecosistema una vez expuesto a un esfuerzo productivo tan intenso como el que ellos proponían.

Pese a todo, la Amazonia ya ofrece (no voluntariamente, claro está, pero sí en función de un proceso de ocupación obligatoria, impuesta de afuera para adentro), despojada de su capa vegetal original, un área un 20% más grande que la necesaria para sustentar una producción agropecuaria capaz de acabar con el hambre de toda una población continental.

En uno de esos auges del interés intelectual sobre la región la propuesta de «recuperación de áreas degradadas» se convirtió en un refrán, así como antes –en la época de la «ocupación con pata de buey», en la cuál los colonos se armaron para derribar la selva y suplantarla por pastizales destinados a unos bueyes ilusorios– la letanía era que la deforestación no haría ningún daño porque se efectuaba en áreas de «espesura, gran espesura y maleza».

Aprovechar áreas ya deforestadas para la producción de géneros pecuarios y agrícolas en lugar de seguir deforestando, parecía más que obvio. Pero sólo lo parecía. Los pioneros, estimulados o forzados a integrar los frentes de penetración para «amansar la tierra» (no sólo destruyéndola, sino también expulsando al habitante nativo), contaban con generosos y permisivos incentivos fiscales del gobierno para «abrir haciendas» –la primera actitud del *bandeirante*–. Hoy ya no existen esos recursos que fueron mal aplicados o simplemente despilfarrados, como lo demuestra la triste historia de la extinta Sudam. En contrapartida, existe una creciente conciencia ecológica nacional e internacional, profunda o superficial, aunque se trate de un dato inexistente o poco apreciable en tiempos de los pioneros.

Quien quería hacer avanzar su actividad económica tenía que continuar utilizando la selva como un stock de capital. Para que el pasto o la agricultura crecieran la reserva forestal tenía que disminuir. Quienes intentaron desandar el camino constataron que la tal «recuperación de áreas degradadas» resultaba más cara que la formación del área deforestada original. En ocasiones el precio era muchísimo más alto.

Así, tras una ligera vacilación, todos volvieron a derribar la selva para conquistar nuevos espacios o hacer capital y a lo que estamos asistiendo en este momento es al incremento de la deforestación, en valores absolutos y en tasas de proporción. Es más, algunas especies nativas desaparecieron antes de que fueran conocidas satisfactoriamente o incluso identificadas.

No es mejor el destino que se da al otro elemento fundador de la Amazonia real: su inmensa red de drenaje fluvial. Uno de los grandes ríos de la región, el Tocatins, sustenta con sus aguas la que, al momento de su conclusión y con la duplicación de potencia que se prevé para este año, será la quinta mayor hidroeléctrica del mundo. Hasta el final de la década el Xingu estará proporcionando agua a la cuarta mayor productora de energía, la de Belo Monte.

Incluso con la presión creciente sobre las aguas de la región, ninguno de los comités de la cuenca –recomendados por la reciente legislación sobre dichos recursos– fue creado hasta la fecha en la región. Lo predominante en este caso es la división: los gestores de la represa sólo piensan en el agua en términos de energía; los armadores la ven como medio de transporte; los agricultores para la irrigación. No hay un planeamiento global e integrador de los diferentes usos y mucho menos de anticipación de situaciones o de prevención de los problemas. Por increíble que pueda parecer, en algunos puntos de la Amazonia el agua ya es un problema, mientras en otros su uso se aproxima a la saturación.

Así pues, si en el futuro gracias a políticas públicas competentes y a una campaña nacional de concienticiación el colegial es capaz de conectar agua y selva como la razón de ser de la Amazonia, de forma tan inmediata y espontánea como la que demuestra al responder sobre Egipto como producto del Nilo, quizás ese nivel de sabiduría dé como fruto una gran conquista desde el punto de vista museológico, paisajístico y espiritual. No obstante, para la Amazonia real eso no servirá ni de consuelo. Cuando ese colegial descubra la verdad, quizás sólo le quede apreciarla en el papel, en grabados, en fotografías o en una película con tintes arqueológicos. La Amazonia viva y verdadera será entonces un doloroso retrato en la pared.

Para contener la destrucción

Para que ese futuro negro no se materialice es preciso modificar radicalmente la forma de ocupación de la Amazonia, estableciendo nuevos presupuestos o corrigiendo las premisas equivocadas. Uno de esos presupuestos consiste en mirar con otro prisma los 570 000 km^2 ya deforestados, que constituyen un área dos veces superior a la de Sao Paulo, donde la característica específicamente amazónica ha desaparecido por completo: los suelos están expuestos a la lluvia y a la laterización provocada por los elementos naturales, sin el reciclaje natural de nutrientes elaborado por la masa vegetal y sin su paraguas protector.

De esos 570 000 km², que desde el punto de vista paisajístico se tornaron semejantes al resto de las áreas tropicales brasileñas, 160 000 km² están abandonados. El rendimiento de esas áreas disminuyó, en tanto que las inversiones necesarias para mantenerlas en producción subieron en una proporción diametralmente inversa. Es el retrato de lo que ocurrirá con el remanente de área que aún conserva su selva original.

En cincuenta millones de hectáreas de tierras en la Amazonia, si tomamos como parámetro la densidad media de una selva tupida de la región, pueden caber 15 millardos de árboles o 5 millardos de árboles si reducimos el cálculo a un tercio del valor inicial para incorporar las áreas de vegetación más abierta. Ese es el saldo principal que han dejado menos de cuatro décadas de la más intensa campaña pionera de la historia brasileña, que avanza presta y feroz en busca de la «integración» de esta última frontera del país a la economía nacional. Se trata también del mayor capítulo de destrucción forestal de la historia de la humanidad.

En 50 millones de hectáreas de tierras ocupadas por el colonizador, desde la segunda mitad de la década de los años sesenta hasta este inicio de la década/siglo/milenio, una cantidad entre los 5 y los 15 millardos de árboles fueron derribados o simplemente quemados. Una fracción de ese total fue transformada en productos. Una apabullante mayoría fue sencillamente destruida, bien porque se desconocían sus propiedades naturales (y en consecuencia no tenían ningún valor comercial), o bien porque el objetivo inmediato y categórico era sustituir las selvas por cualquier otro tipo de paisaje (campos de pastaje, cultivos agrícolas, reforestación con especies exóticas, *garimpos*,[3] minas, hidroeléctricas, autopistas o ciudades).

En el lenguaje económico de sentido más inmediato, tomando los elementos más conservadores para un cálculo arbitrario, la cantidad monetaria de la devastación forestal alcanza un orden aproximado de 1.5 trillones de reales (tres metros cúbicos por árbol o 15 millardos de metros cúbicos en total, multi-

---

3. *Garimpos:* lugares de explotación de oro y diamantes, en ocasiones de manera clandestina *(n. del t.).*

plicados por los 100 reales que valdría el metro cúbico), sólo de árboles ya asimilados por el mercado internacional y bajo la forma comercial de madera sólida. El valor equivale a más de cien veces el PIB de Pará, el principal Estado de la región.

Teniendo en cuenta que se trata de un cálculo a la baja y meramente especulativo, ese valor dice poco sobre el alcance de la pérdida. La valoración se restringe apenas a uno de los aspectos que la selva puede asumir frente a las necesidades humanas –la madera– e infelizmente se queda en un estadio aún muy atrasado del conocimiento que el hombre tiene sobre ese potencial.

Aun estando en la escala inicial de la generación de informaciones sobre la selva amazónica, el hombre ya sabe que debe mirarla con un prisma –como ahora se dice– holístico, o cualquier expresión o concepto que traduzca la amplitud de posibilidades de los ecosistemas amazónicos, su acción interactiva y su sinergia. En lugar de examinar árboles aislados es preciso considerar el ambiente en el cual esos árboles se sitúan como partes de un organismo armónico. La biodiversidad es la piedra de toque de esa nueva alquimia.

Un modo sostenible de intervención del hombre en ese escenario complejo y frágil sólo podrá surgir de un conocimiento más profundo que pudiese ser creado y aplicado en la Amazonia.

Existen espléndidos estudios de caso en la región, magníficos informes, interesantes experiencias de laboratorio o proyectos piloto y hasta referencias inteligentes en programas de gobierno, como los de los actuales candidatos a la presidencia de la República. Pero la diferencia brutal de medios y de ritmos entre quienes obran para después preguntarse por el significado de lo que hicieron y entre aquellos que intentan encontrar formas de penetrar en la selva sin destruirla, actuando preventivamente, habla claramente del saldo negativo de la balanza entre la destrucción y la construcción.

Un examen ponderado y valiente de la situación conduce a una conclusión obvia: la penetración en lo que aún hoy es la Hiléia amazónica debe ser llevada a cabo de forma diferente al patrón de colonización implementado hasta ahora. Esta es la manera de no reducir lo que era (y será cada vez más) un potencial de riquezas fantástico a un acervo empobrecido, dilapidado. El problema para difundir esa percepción está en la propia lógica de esa máquina de destrucción: ya que la recuperación de un área degradada en la Amazonia resulta cara, es preferible expandir la frontera económica, lo cual sale más barato. En un raciocinio a corto plazo esto resulta evidente. Las cuentas salen mejor porque el Brasil se rehúsa a aceptar que la selva vive en un ciclo cerrado con los demás elementos del ecosistema, donde es su principal componente, pues de ella dependen todos los demás, aunque vivan todos en conjunto dentro de una sinergia sofisticada y sutil, íntimamente mutualista. Esa impresionante máquina de la naturaleza garantiza la vida de árboles de 40 o 50 metros sobre un suelo químicamente pobre, con un sustrato de nutrientes muy delgado, de sólo unos pocos centímetros, incapaz por sí mismo de alimentar a aquellos enormes seres vegetales.

Una explotación económica inteligente no puede ser desarrollada en la Amazonia causando un cortocircuito en ese ciclo cerrado de agua-luz-selva. El precio es provocar incendios devastadores en un sentido real (como han demostrado los satélites de información) y entretanto (hasta que la ciencia concluya cada uno de sus procesos investigativos), en sentido figurado, concebir un desarrollo tan innovador que pensar en él ahora parece cosa de profetas, locos y poetas.

Los extranjeros, con sus ciclos de producción de conocimiento más adelantados, saben que no es así. Se posicionan intentando extraer –legal o clandestinamente, eso importa poco– la información, sobre todo genética, contenida en el ecosistema amazónico mientras esté disponible. Les gustaría que todo se detuviera en la región hasta que pudieran inventariarla y como eso no parece factible, se apresuran a recolectar lo que pueden e intentan instalarse en las áreas de mayor interés. ¿Pueden en esa búsqueda llegar a concebir planes de anexión o sustracción? Esa es siempre una hipótesis a considerar, pero la mejor actitud no es negar los presupuestos de tal actitud, sino incorporarla y seguir adelante.

¿Un nuevo horizonte?

La conquista de la Amazonia no será una tarea geopolítica, militar o tan siquiera orientada al desarrollo, mientras ese concepto siga siendo utilizado por aquellos que lo entienden como una traducción de las formas tradicionales propias de otras regiones. (En la Amazonia cuando la agricultura y la ganadería no son prácticas irracionales, constituyen subutilizaciones no sostenibles fuera de las llanuras.) La tarea de penetrar en la región es un desafío a la ciencia, a la tecnología, a la educación. Sin esos tres componentes desarrollados en la escala necesaria, tal vez nunca se consiga eliminar la intervención incompetente sobre la Amazonia.

Cuando ella no sea más que una selva rala y pobre, un gallinero o un potrero inmenso, quizás entonces sea posible demostrar que se trataba de un organismo armónico sin igual en el planeta. La demostración, en ese caso, ya no podrá ser efectuada en campo abierto, en el campo propiamente geográfico, sino en museos. La enormidad física, con derecho propio para fungir como un muro de las lamentaciones de tamaño amazónico, será el único elemento restante.

Para quienes han adquirido esa comprensión en tiempos actuales habrá sido una desgracia no poder socializarla, volverla patrimonio colectivo. Las encendidas polémicas que se vienen dando en torno a la opción de preservar o continuar expandiendo el modo de ocupación actual, demuestran el primitivismo y la pobreza de la concepción dominante sobre la región, haciendo de ella una perla extraña arrojada a los cerdos. Para garantizar la integridad de la Amazonia y el saludable ejercicio de la soberanía nacional sobre ella, el Brasil ya debería haber asignado a toda propuesta que autorizara nuevas deforestaciones en áreas de selva frondosa, el calificativo que merece: estupidez.

No basta, pues, con desautorizar esa visión de tierra arrasada. Es preciso construir una manera justa y adecuada de utilización de la Amazonia. Para que ello sea posible, los presupuestos para ciencia, tecnología y educación en la región deben ser multiplicados varias veces, el personal formado en dichas tareas deberá crecer en número e interiorización y los proyectos experimentales deben ser implantados conforme al área y la actividad, dentro de un plan que de ser serio tiene que ser comparable a empresas como la conquista del espacio.

Algunos teóricos calculan que veinte millones de metros cúbicos de madera son extraídos de la selva amazónica cada año. Estiman también que el 80% de esa madera es cortada ilegalmente. Esto significa que todos los años un área de cuarenta mil hectáreas pierde su capa vegetal sin que el agente del proceso sea el dueño de la tierra usada. Incluso cuando ésta le pertenece extrae de ella la madera sin cumplir con las normas legales. El resultado es la destrucción ecológica, la evasión de impuestos y la creación de un circuito clandestino del mercado que puede desembocar en diversas actividades ilícitas (desde el soborno al mercado negro) y en conflictos sangrientos entre los distintos actores de esa cadena marginal.

Quien opta por la marginalidad asume el riesgo. En casos cada vez más numerosos, ese riesgo puede redundar en multas elevadas, retención de la mercancía o prisión como infractor, además de sanciones sobre el área irregular. Una tecnología más agresiva y accesible que cuenta con el apoyo de los satélites –con una recuperación inmediata de la información como en los portátiles con GPS–, sumada a un estado de conciencia internacional, han aumentado la probabilidad de constatación, caracterización y represión de los antiguos métodos de piratería forestal antes indetectables.

Un número creciente de madereros, razonando sobre cálculos objetivos, ha llegado a la conclusión de que es mejor y hasta más rentable legalizar su actividad. Un sello de certificación, una buena imagen y referencias favorables de instancias que avalen o arbitren al respecto, son instrumentos útiles para abrir o mantener a los mejores clientes repartidos por todo el mundo. Es evidente que muchos compradores de madera tropical en buenos mercados todavía no se preocupan por saber si el producto que reciben tiene un origen identificable o si esa madera es fruto de una actividad controlada y autosostenible. Lo que importa es el precio. Y el precio del mercado internacional se hizo tan ventajoso que reactivó una carrera hacia las reservas forestales amazónicas.

La serrería dio a ese reflujo las características de un auténtico *garimpagem*[4] de la madera, tan desordenado y compulsivo como las embestidas de los buscadores de oro. No por casualidad las comparaciones entre la caza de las especies vegetales

---

4. *Garimpagem:* versión brasileña de la fiebre del oro *(n. del t.).*

más nobles y el *garimpagem* del así llamado metal precioso, son bastante frecuentes. Hombres arrojados al corazón de la selva, incipientes carreteras arañadas para permitir el acceso a nuevas áreas, indios que son seducidos para abrir camino a sus tierras de densa capa forestal; accidentes del trayecto son suplantados con salvajismo (que a veces se manifiesta en corrientes fluviales terraplenadas) y quien se interpone en el camino de los pioneros es atropellado o inducido a someterse con métodos persuasivos o coercitivos. La fiebre de la madera está arrasando en este comienzo de siglo y de milenio todo el sertón amazónico con la virulencia de la fiebre del oro en los años ochenta.

Como ocurrió en aquel entonces, el Estado también se inclina ahora por la complicidad. En la década de los ochenta, los *garimpeiros* de Serra Pelada eran tratados como héroes nacionales. El oro que arrancaban del vientre de la tierra iba a parar a los depósitos del Banco Central, compensando la evaporación de las divisas en dólar que habían sido acumuladas (y dilapidadas) en los años del «milagro económico», a lo largo de la década del setenta. Ya los madereros de la década inaugural del nuevo siglo suplen la ausencia del agente público en el proceso de deforestación y de «amansamiento» de las nuevas fronteras, asumiendo por cuenta propia la construcción de autovías, la creación de ciudades, la multiplicación de actividades productivas y la creación de oportunidades de trabajo.

El problema es que con la globalización de los circuitos económicos, la carrera es más larga y los corredores exigen la delimitación del recorrido para conectar el punto de origen con el de llegada. Algún tiempo atrás hubiera sido inimaginable lo que ocurrió al final de 2001: una institución gubernamental como el Ibana (Instituto Brasileño de Medio Ambiente y de Recursos Naturales Renovables), emprendió una operación de combate contra la extracción ilegal del *mogno* –la más valiosa de todas las maderas de la Amazonia que se comercializan en el mundo– hombro a hombro con una ONG ambientalista como la agresiva Greenpeace, que ofreció medios materiales para aumentar la eficacia de la operación. Pocos días después de haber identificado los focos de piratería maderera, posibilitando prisiones y decomisos, Greenpeace se ponía del lado de los enemigos declarados de ayer, en el V Congreso Internacional de Madera Prensada y Madera Tropical, celebrado en Belém, el lugar de toda la región donde más madera se embarca.

Esos antiguos contendientes parecían convencidos de que el salvajismo de esa nueva forma de *garimpagem* perjudicaría, hasta el límite de la eliminación, a los agentes productivos interesados en una actividad más duradera, menos temporal, caracterizados por servir a sus compradores mediante contratos con plazos más largos de lo que mandan los baremos de centenares de depredadores y usurpadores de madera regados por el *hinterland* amazónico.

La carrera de estos personajes es la de la legalización. Centenares de proyectos de control forestal vienen siendo presentados ante el Ibama, que carece de la estructura material y humana para considerar esas propuestas a la velocidad que su volumen requiere y de un respaldo que lo legitime ante instancias internacionales, fiadoras de una relación comercial con bases menos salvajes. Cuando las licencias ambientales son expedidas, se descubre que los títulos de las tierras son fraudulentos. Presionado a conceder los títulos requeridos por la compra, el Estado se ve sorprendido por su fragilidad, sujeto a cierta dosis de levedad en la gestión del patrimonio agrario público. Desconcertado tras actuar como mero agente inmobiliario, a la manera de un simple corredor privado, se asusta con la posibilidad de que recaiga sobre él la culpa por el agotamiento de las últimas reservas forestales de la región, cedidas a precio de banana y bajo criterios de mercado persa.

Esto es lo que está ocurriendo en el Estado de Pará en este momento. El avance de los frentes madereros sobre el área que tiene la mayor y última concentración de mogno, en el valle del Xingu, en la orilla derecha del cauce del río Amazonas, adquirió las características de una calamidad pública. El Estado se comportó en relación al problema como si su papel principal consistiera en aguardar en la retaguardia a que algunos de los pioneros se libraran del frente caótico (en el cual la única ley respetada es un feroz darwinismo social) y le formularan sus peticiones de regularización de la tierra, diligenciadas y despachadas bajo algunas formalidades adoptadas sobre todo para que las vea el extranjero, con su precio de venta debidamente sellado y recaudándose así el dinero del erario destinado a financiar obras concretas (o no tanto, como en el caso del fondo electoral).

Alcanzado por las críticas y por los primeros indicadores acusatorios, el Estado se apresuró a adoptar una posición más corriente con su naturaleza de intérprete y defensor del interés colectivo. Se estudió la suspensión de los procesos de venta de tierras a través de solicitudes, las cuales empezaron a llover en el Instituto de Tierras de Pará, resucitando así una era de triste memoria, ocurrida a inicios de la década de los sesenta y a partir de la mitad de los setenta, hasta el comienzo de los ochenta, en que había toda una industria del fraude de títulos de propiedad, con la subsiguiente formación de auténticas mafias.

Así, el Estado se vuelve a convencer de que no debe simplemente alienar a terceros de las valiosas tierras públicas, ya que la venta puede ser sustituida con provecho mediante la concesión con cláusula resolutiva, condicionando la adquisición al cumplimiento de obligaciones. La expedición de autorización debe redundar también en el mejor uso de la tierra, de acuerdo a las cualidades bien examinadas y definidas de la misma. La venta tendrá que ser precedida de un estudio de la zona, algo que puede reeditar el proyecto de las selvas de rendimiento que la extinta Sudam (Superintendencia del Desarrollo de la Amazonia) concibió en los años setenta, pero que no llegó a ejecutar. El gobierno tendría un papel activo en la aprobación, en el control y en la fiscalización de la actividad forestal a desarrollar en sus tierras.

Si esa reacción normativa e intervencionista se incrementa, arremetiendo contra el río revuelto de la piratería maderera, podemos decir que estamos ante una señal de que el réquiem por las mejores partes de la selva amazónica no ha sonado todavía. Por otra parte, si las campanas doblan por primera vez, aún es posible revertir los efectos: todavía hay tiempo para un canto más alegre y vital.

El caso del mogno

No obstante, hay un caso que constituye un acta de defunción para esa esperanza: la destrucción del mogno. El ingeniero agrónomo Adalberto Veríssimo suele decir que Dios entregó directamente al hombre las semillas del mogno. La hipótesis es procedente. En la espesura el mogno es un árbol hermoso a la vista, destacándose por su porte esbelto, su altura (de 30 a 40 metros) y su color. Impresiona tanto o más aún cuando se transforma en un mueble o en un panel: es liviano y resistente al mismo tiempo, sólido y maleable, puede durar siglos indiferente a los insectos y a los malos tratos del hombre y además es capaz de cautivar con su color natural, mucho mejor que cualquier otro color que la computadora imagine como sustituto.

Desde hace décadas los presidentes de EEUU han utilizado muebles de mogno en la Casa Blanca, en Washington. La marina inglesa, una de las más eficientes de todos los tiempos, también se ha beneficiado de las cualidades físicas y químicas de esta madera. Cualquier autor de *thrillers* sabe que si el escritorio sobre el que se desploma su personaje es de mogno, le dará una apariencia de nobleza.

Dentro de algunas décadas, sin embargo, el mogno podría confinarse sólo al terreno de la ficción. Es probable que antes de llegar a su edad de jubilación, Beto Veríssimo –el joven agrónomo nordestino que se apasionó por la selva amazónica– ya tenga dificultades para localizar árboles de mogno en sus constantes excursiones por la jungla.

El mogno –la más bella y valiosa madera de la Amazonia, región que concentra el 56% de las selvas tropicales del planeta– se está extinguiendo. Ya se agotó en el sur de Pará, donde su presencia era cinco o diez veces superior que en las áreas donde la madera está siendo cazada, cortada y vendida como si fuera oro (en realidad, el oro verde vale actualmente más que el oro amarillo).

Beto se queda feliz cuando, durante sus excursiones por el Acre, encuentra un árbol de mogno por hectárea. En la zona de influencia del Río María, al sur de Pará, la densidad podía llegar a once árboles por hectárea. Hoy en esa región el mogno sólo es materia de conversación o de lamentos. Al principio de su ocupación, buena parte del mogno debió destruirse en los incendios. De hecho, lo que los pioneros querían era crear zonas de pastaje para su ganado y con ello «amansar la tierra» al menor costo (monetariamente hablando), conforme a una filosofía dictada por la pata bovina (en sentido literal y figurado).

Posteriormente, cuando la madera se usó como capital de refuerzo para la ejecución de la empresa –todavía prioritaria– del «proyecto agropecuario» subsidiado por el gobierno federal, grandes cantidades de mogno fueron extraídas a costa de la destrucción de muchos otros árboles de menor valor. Por otro lado, desde los años 60 hasta los 80, el valle de Araguaia-Tocatins, en busca de un «modelo de ocupación», destruyó un fabuloso yacimiento de madera. Todavía existe alguna que otra iniciativa de reforestación, pero quien las conoce íntimamente sólo puede ser escéptico con los resultados: como en el caso de la prolongada juerga de la Sudam (desaparecida en el fango de la corrupción, con desvíos de recursos públicos para el enriquecimiento ilícito de empresarios, políticos y burócratas) se trata de otra fachada más para agradar al extranjero.

Según el Imazon (Instituto del Hombre y el Medio Ambiente Amazónicos), al que Veríssimo pertenece, entre 1971 y 2001 el Brasil produjo aproximadamente 5 700 000 m^3 de mogno aserrado. Por lo menos cuatro millones fueron exportados, un 75% del total para los Estados Unidos e Inglaterra. Esa explotación representó una cifra cercana a los cuatro millardos de dólares en facturación, teniendo como referencia el precio medio histórico de 700 dólares por metro cúbico. Actualmente los valores oscilan entre 1 600 dólares por metro cúbico, en el mercado interno, y 2 500 dólares en el exterior, según la tabla del Ibama (Instituto Brasileño de Medio Ambiente y Recursos Naturales Renovables). Por lo tanto, cada metro cúbico beneficiado puede llegar a subir hasta los 8 000 dólares. El oro pasa a ser un producto de segunda importancia en esa escala de valores.

La fiebre del mogno es una variedad vegetal de esa obsesión que provocó los increíbles éxodos del *garimpagem*. Por ser más convencionales, epopeyas como la de Serra Pelada atrajeron más la atención y el espanto de la opinión pública. Lo que está ocurriendo en tan poco tiempo con el mogno, una de las maderas más valiosas de la historia de la humanidad, tiene un significado todavía más profundo que el de la mayoría de los *booms* auríferos, sólo que no tiene el mismo impacto.

No obstante, el año pasado la TV Globo transmitió para todo el país las imágenes y las informaciones sobre lo que fue calificado como «la mayor incautación de madera en la historia de Brasil». Probablemente por ser neófita en el asunto, la cadena Globo no sustentó el reportaje con informaciones correctas o verificadas, pero las imágenes suplieron esa deficiencia.

A su modo, la televisión desempeñó con mayor eficacia una función que millares de artículos escritos hasta entonces no habían hecho: provocar el interés de la nación por un drama muy grave, que comenzó y puede llegar a terminar antes de que la generación de Beto Veríssimo cierre su periodo de vida activa. ¿Seremos entonces contemporáneos de la extinción del mogno, impotentes para revertir el mal que hemos causado, a partir de una presumible dádiva divina con la forma de las semillas de ese árbol excepcional?

Con una escala de utilización menor, los parientes del mismo género de árbol brasileño en América Central y el Caribe ya no existen. La presión sobre las últimas concentraciones en la Amazonia latinoamericana, con especial énfasis en el área predominante del Brasil, se convirtió en un auténtico caso policial. Los extractores de mogno se multiplicaron y su audacia quedó reflejada en imágenes patéticas, como las de aquellas enormes balsas formadas por millares de tablas de madera y que la TV Globo captó hasta volverlas rutinarias en el área más rica después (y mucho después) del Araguaia: la de Terra do Meio, entre los ríos Xingu e Iriri, en Pará.

El Ibama afirma haber incautado madera por valor de 300 millones de reales (100 millones de dólares). No especificó el número de tablas ni la cantidad de metros cúbicos. En cualquier caso, el valor debe ser tratado en millares. La aplastante mayoría de esos árboles fue extraída dentro de reservas indígenas, principalmente en la de los famosos Kayapós. En esta oportunidad, sin necesidad de invadir las reservas, la tala fue ejecutada con ayuda de los propios indios. Lo que ellos probablemente ganaron con su colaboración representa 150 veces menos de lo que factura el agente en la cúspide de la línea de comercialización.

En su defensa los indios alegan que no tienen otra fuente de renta tras la ruina de la Funai y de la evaporación de la política indigenista pública. Una política que se desvanece en el aire como restos de una categoría primitiva a ser grabada bajo la lápida de la historia, según lo entiende uno que otro sociólogo de la modernización y con poder de transformar sus ideas en hechos como nuestro ex presidente Fernando Henrique Cardoso, del PSDB, antecesor de Luís Inácio Lula da Silva, del PT.

Los indios alegan también que necesitan vestirse, comer y beber (esto último en un amplio sentido del término).

Con muchas buenas razones se puede construir una tragedia como la del mogno. Nadie se irá al infierno, pero eso no basta para que el mal deje de consumarse. Como el genio que era, Dante puso más gente en el purgatorio que en el infierno o en el paraíso de su *Divina comedia*.

Contra la posición de Brasil, el mogno fue incluido en el anexo II de la convención de Cites, durante un encuentro a nivel mundial celebrado el año pasado en Santiago de Chile. Esto significa que la explotación y comercialización de la especie estarán sujetas al control no sólo del gobierno nacional, sino de los demás países que integran el órgano rector de exportadores e importadores, con la total aplicación de las normas existentes al respecto.

El gobierno brasileño, el más interesado en el asunto por tratarse del mayor productor y vendedor de mogno en todo el mundo, consideró innecesario aumentar el control sobre la especie, que en su próximo abordaje podría pasar al anexo I, reservado a las especies en extinción. El gobierno garantiza que ha hecho todo lo posible para acabar con la explotación ilegal y depredadora de madera, lo cual no es cierto, a pesar de que pueda ser reconocido el decidido esfuerzo oficial al respecto o al menos su buena intención (hablando en términos dantescos).

En cuanto el Ibama y la Policía Federal incautan algunos miles de tablas de mogno transportadas en balsas por el río Xingu (la gran avenida acuática hacia la cual convergen todas esas lúgubres embarcaciones, desde todos los puntos de drenaje de la cuenca que poseen la especie en sus orillas), se cree que en el sur del país, con especial concentración en São Paulo, haya 35 000 metros cúbicos en stock. Es madera embalada, lista, si es posible, para salir al exterior con mejores ganancias. En su defecto, la madera se destina a la comercialización interna, en caso de que los mecanismos de control de embarque internacional estén bien aceitados y el contrabando resulte inviable.

El esfuerzo endógeno, por tanto, ya no es suficiente o no está lo suficientemente listo para eliminar la salvaje depredación de la especie, dado el precio y el saqueo exhaustivo de otras fuentes de abastecimiento del oro verde. ¿Un control internacional efectivo sería la última oportunidad de supervivencia para el mogno?

A muchos les cuesta siquiera hacerse esa pregunta que, pese a todo, debe ser formulada y necesita por encima de todo una respuesta eficaz y urgente. El debate se hará más intenso y radical ahora que la senadora acreana Marina Silva asumió el Ministerio de Medio Ambiente. Su nombramiento fue saludado al mismo tiempo con entusiasmo y preocupación; como una enorme victoria y como una duda inquietante.

Está claro que Marina intentará transformar en política federal la experiencia que se convirtió en la razón de su vida y en la explicación de su éxito, tanto en su Acre natal como en las plazas mundiales que la hicieron su aliada y compañera. No fue exactamente por casualidad que el presidente electo Luís Inácio Lula da Silva aplazó el nombramiento de la ministra para confirmarlo en Washington, justo antes de la toma de posesión del nuevo gobierno, el 1º de enero.

El entonces gobernador de Acre (y hoy senador del PT), Jorge Viana, coterráneo y correligionario de Marina, observó inmediatamente que la decisión tomada por Lula de confirmar a Marina como ministra en los Estados Unidos, ocultaba un simbolismo muy importante: fue justamente en los EEUU donde el sindicalista Chico Mendes se fortaleció políticamente para luchar a favor del desarrollo sostenible del Acre y la Amazonia.

Esa alianza tuvo un resultado innegablemente positivo: proyectó mundialmente al antiguo seringalista, generando un eco para su prédica en defensa del uso preferencial de la selva en la Amazonia y de un uso múltiple y no sólo bajo las formas convencionales como la producción de madera sólida. Ese es el razonamiento que está detrás de la Florestania, una concepción de desarrollo distinta a la que se encuentra en vigor o predomina actualmente.

Pero esa alianza también sobreestimó el significado de experiencias locales y de difícil diseminación, ignorando las especificidades del Acre. En el estado de la ministra el uso de los recursos naturales es más *sostenible* que en las demás unidades federativas de la región, sin embargo el estado continúa siendo el más pobre de la Amazonia.

La agenda ambiental de los próximos años va a estar cargada de temas, de accidentes, de conflictos. Esperemos que aparte de espantar la cómoda pasividad, el debate no se vuelva un desperdicio de vitalidad que se desvíe por las rutas rígidas de los dogmatismos y las verdades eternas. La Amazonia, un regalo de la naturaleza a los brasileños, precisa de la inteligencia, del buen sentido, del coraje y la creatividad de todos los que quieren escribirla como la página del génesis delegada por Dios al hombre, en esa feliz imagen creada un siglo atrás por Euclides da Cunha, cuando la Amazonia todavía era un proyecto de Edén.

4. PETRÓLEO EN TIERRAS DE NADIE

Margarita Serje

En la interpretación que usualmente se propone del conflicto colombiano, éste se ve situado en «la otra Colombia», en la Colombia de la periferia, donde el Estado tiene poca presencia y cuyas características sociales hacen de ella un semillero de violencia, de ilegalidad e impunidad. A través de las prácticas de una economía «lícita», la del petróleo, se busca mostrar cómo las condiciones de violencia, que aparecen como constitutivas de los espacios sociales marginales no articulados al orden moderno y como sustento de esta «guerra en la periferia», son producto de las estrategias a través de las cuales se pretende integrar las «tierras de nadie» a la nación, y con el mismo gesto, al mercado global. La economía petrolera pone también en evidencia que la lógica que subyace tanto al conflicto colombiano como a la guerra global contemporánea, es la misma que naturaliza y da continuidad al orden de las cosas sobre el que se fundó la dominación colonial.

La lectura usual del conflicto colombiano

Un evento que marcó un hito en la guerra que se vive actualmente en Colombia tuvo lugar en el pequeño poblado de Bojayá (Chocó), situado en medio de las selvas del Pacífico colombiano. Allí murieron, por la explosión de un cilindro-bomba, 119 personas que buscaron santuario en la iglesia, en medio de un combate entre las FARC y un grupo de paramilitares.[1] Unos

---

1. Según un informe recientemente publicado por la prensa, las FARC tienen cerca de 17 000 hombres, el ELN 6 500 y «otros grupos subversivos» 2 000, por su parte el Ejército Nacional cuenta con 60 000 soldados disponibles para «orden público». «Mosaico del país que recibe el nuevo presidente», *El Tiempo* (Bogotá), 25-5-2002.

días después, el vicepresidente de la República presentó al país su análisis de la situación: «Colombia tiene más geografía que Estado», afirmó. Y partiendo de que «con más de un millón de kilómetros cuadrados, Colombia tiene enormes territorios de bosques, selvas y montañas que forman áreas definidas de influencia de narcotraficantes o grupos armados y donde, según las autoridades locales, la presencia del Estado es prácticamente inexistente», su propuesta es que «tendríamos que tener un ejercito de un millón de hombres para hacerle frente a esta degradación».[2] Lo que me interesa destacar del argumento del vicepresidente no es tanto la línea de acción que propone, que desafortunadamente es la única que en este momento se concibe como posible, sino su análisis de la situación, cuya lógica también parece haberse generalizado.

La lectura usual de la situación colombiana, oficializada tanto por la voz de los más reconocidos analistas políticos[3] como por la de los sectores institucionales,[4] parte de la hipótesis de que el meollo del conflicto armado es un problema de integración nacional y de soberanía. La falta de gobernabilidad aparece relacionada con el hecho de que Colombia, además de que «es un país muy fragmentado geográficamente, con una población muy dispersa, no ha conquistado su frontera territorial».[5] De acuerdo con esta mirada, *el conflicto armado colombiano sería fundamentalmente resultado del hecho de que el Estado no alcanza a imponer su orden en buena parte del territorio*, donde el poder es ejercido por guerrilleros o paramilitares,[6] enriquecidos y fortalecidos por el dinero del narcotráfico. «Sin más ley que la ley del más fuerte», estos territorios,

---

2. «Colombia tiene más geografía que Estado: vicepresidente», AFP, 10-5-2002.   3. Ver por ejemplo los trabajos de Alfredo Molano, Fernán González, Alejandro Reyes o José Jairo González, entre otros.   4. Ver por ejemplo el análisis de S. Montenegro, director del Departamento Nacional de Planeación en sus «Comentarios al documento de Paul Collier: What makes a country prone to civil war?», Bogotá, 6 de marzo de 2003, cf. www.dnp.gov.co o el Informe Nacional de Desarrollo Humano 2002-2003: «Entender para cambiar las raíces del conflicto». Argumento Básico, INDH-PNUD, www.pnud.org.co/indh2003. 5. S. Montenegro, *op. cit.*   6. En un informe del diario *El Tiempo* de Bogotá aparecen estas cifras: «De los 6 242 corregimientos del país, 980 tienen presencia física de las Fuerzas Militares y en por lo menos 5 300 hay presencia de paras y guerrilla». «Mosaico del país que recibe el nuevo presidente», *El Tiempo*, 25-5-2002.

caracterizados como periféricos, marginales, desarticulados y conflictivos, representan un obstáculo para la integración y el desarrollo nacional.

Según esta lectura la dificultad que ha tenido el Estado colombiano para imponer su autoridad en el territorio, ha tenido dos factores principales: primero, su formidable y hostil geografía que hace de Colombia un archipiélago de vastas regiones aisladas por insalvables obstáculos, y segundo, las características mismas de los grupos sociales que habitan las zonas desarticuladas, cuya dispersión y «carencia de tejido social estable» las hace proclives a la ilegalidad y a la violencia. Las actividades ilícitas y la resistencia que oponen estos grupos se sale de las manos y de la capacidad de las fuerzas oficiales. Por ello, y como respuesta a la incapacidad estatal, las élites regionales se han visto obligadas a tomarse la seguridad en sus manos, conformando milicias privadas que «no atacan al Estado sino que lo defienden de la subversión».[7] No está de más señalar que esta lectura dialoga con el relato heroico de origen de las FARC, la guerrilla que nace en el movimiento de resistencia al régimen conservador durante el periodo que se conoce en la historia de Colombia como La Violencia,[8] cuando miles de campesinos perseguidos por bandas de *chulavitas*[9] huyen de la región andina hacia el piedemonte amazónico buscando nuevos horizontes. Se organizan en «columnas de marcha» protegidas por hombres armados. Sus primeros asentamientos fueron estigmatizados como *repúblicas independientes* y brutalmente perseguidos por el Estado, lo que los obliga a nuevos desplazamientos, selva adentro, consolidando las *fronteras de colonización* que están hoy en el ojo del huracán.

A partir de esta noción histórica se ha generalizado el argumento de que en el país se vive un conflicto que surge de *la otra Colombia*, concepto con el cual se describe «al país periférico, es decir, territorios de colonización donde la autoridad

---

7. Así lo formula en su análisis *El Tiempo* en «La agenda con los paras», 19-1-03. **8.** Con este nombre se conoce en la historia de Colombia al sangriento enfrentamiento entre los partidos liberal y conservador, disparado con el «Bogotazo» en 1948 que se prolonga hasta la década de los sesenta. **9.** Conformadas por la policía del gobierno conservador y por las bandas armadas por ésta.

estatal es mínima o inexistente, entornos propicios para guerrillas, grupos paramilitares y cultivos ilícitos, [...] que en el pasado fueron olvidados o marginados por el centro, y cuyos problemas, precisamente por ello, invaden hoy al centro».[10] Resulta aquí evidente que la existencia de este conjunto de vastas y abandonadas tierras de nadie, y sus características inherentes, constituyen los factores principales que dan cuenta no sólo de la guerra sino de la situación nacional en general: es decir el atraso, la pobreza, el subdesarrollo y la violencia.

Quisiera proponer, por el contrario, que quizás uno de los principales obstáculos para comprender el conflicto contemporáneo es precisamente esta lectura del territorio nacional, sus gentes y sus paisajes. Esta explicación constituye una de las premisas básicas del proyecto mismo de nación en Colombia y de la imaginación geopolítica que lo subyace. Constituye también una de las premisas básicas de la economía política del orden global moderno. De acuerdo con ella, el territorio nacional se concibe configurado como un *centro* en expansión rodeado de un repositorio de tierras y poblaciones salvajes que configuran verdaderas *fronteras internas*. Al mismo tiempo, la nación se concibe a sí misma como parte de un conjunto de regiones *subdesarrolladas* que son a su vez la *frontera* del mundo industrializado. Dicho en otras palabras, el espacio-tiempo de la nación se articula a partir de dos oposiciones marcadas: la primera ubica la nación como parte de las hordas de países *en desarrollo* que van marchando en el camino histórico que conduce –en el larguísimo plazo de una ilusoria promesa– a luz de la industrialización y del comercio metropolitanos; y la segunda opone la riqueza, el desarrollo, la industria y las élites modernizadoras de la región andina –el centro– a la pobreza, el atraso y las oligarquías retrógradas de las tierras bajas.

10. Así lo formula el Informe Nacional de Desarrollo Humano 2003, *op. cit.*

El mito de la frontera imperial

Marco Palacios y Frank Safford, dos reconocidos historiadores, comienzan su reciente libro *Colombia: Fragmented Land, Divided Society* partiendo precisamente de este relato fundacional. Abren el primer capítulo, «Continuidad y cambio en la geografía económica de Colombia», evocando el aislamiento de Macondo en *Cien años de soledad*. Señalan que éste constituye

> [...] uno de los principales rasgos de la geografía física y social de Colombia. Durante la mayor parte de su historia, la población colombiana ha sido relativamente escasa y ha estado diseminada en pequeñas comunidades desconectadas. Los escasos relatos de viajeros del siglo XVIII y los más numerosos del siglo XIX, muestran claramente que grandes franjas del territorio han estado levemente pobladas o inclusive casi vacías de gente. Esta escasez y la dispersión de mucha de la población ha tendido a impedir el desarrollo, el transporte y por lo tanto la integración económica de Colombia.[11]

Al igual que Palacios y Safford, el punto de vista que el Estado y la nación han privilegiado para concebir la geografía nacional, su naturaleza y la naturaleza de sus habitantes es el de los «ojos imperiales»[12] de los viajeros europeos, pues esta visión de la geografía de la nación solamente es posible desde el punto de vista metropolitano de la que Ángel Rama llama la ciudad letrada y desde la autoridad de su posición. Este relato de la pródiga y fragmentada geografía de la nación se presenta como si tuviese un origen espontáneo y natural, como una condición pura de la naturaleza misma de sus paisajes y sus habitantes.

De acuerdo con este relato fundacional de la nación, su principal atributo es su «vasto y exuberante territorio». Esta prodigiosa geografía aparece cruzada y dividida por insalvables obstáculos que separan las tierras altas, que como la Europa temperada son el hábitat natural de la civilización, del progre-

---

11. F. Safford, M. Palacios, *Colombia: Fragmented Land, Divided Society*, 2001, p. 1.   **12.** Cfr. M. L. Pratt, *Imperial Eyes: Travel Writing and Transculturation*, 1992.

so y del desarrollo, de las selvas y planicies ardientes, pobladas por salvajes, por negros, zambos, mulatos y *calentanos* sumidos en el atraso y la pereza. Esta idea se ve enfatizada por la naturaleza misma de las fronteras que circunscriben al país –los dos mares (el Caribe y el Pacífico), el tapón del Darién, el desierto de La Guajira, los Llanos del Orinoco y la selva amazónica–, que encierran y aíslan al país urbano, moderno y letrado en los altiplanos de los Andes centrales. Paradójicamente, es la poética de este relato, en el que se opone el carácter sano, industrioso y ordenado de la región andina al carácter voluptuoso, febril y sensual de las tierras bajas, la que sustenta y perpetúa el proyecto de construir una «nación mestiza» de «americanos por nacimiento y europeos por derecho» (en las famosas palabras de Bolívar) y de gestar su soberanía.

Este relato forma parte de un sistema mítico en el que se reproducen los principales motivos con los que se creó la América colonial en el momento de la conquista, cuando se consolida, como lo ha señalado I. Wallerstein, el sistema global moderno.[13] Constituye precisamente una de las condiciones de posibilidad del orden mundial que comienza a articularse entonces con la incorporación de las Américas como su periferia, como frontera colonial. Por medio de un conjunto de convenciones retóricas y visuales se estetiza y erotiza en este mito el rasgo crucial que define su existencia en tanto que periferia, en tanto que margen de la metrópolis: el de la naturalización de sus habitantes y sus paisajes. La «América equinoccial» se ve transformada, mediante poderosos artificios estéticos, en una vasta y pródiga geografía salvaje, despoblada o escasamente poblada, o mejor, desechablemente poblada por seres en estado de naturaleza. Este signo no sólo deshumaniza la geografía americana, convirtiéndola en «espacios vacíos», «huérfanos de toda tradición agrícola y ganadera» y «en vías de desarrollo»; deshumaniza sobre todo a sus habitantes, al reducirlos al «estado de naturaleza», es decir al estadio de «formas atrasadas de organización económica, social y política».

De esta manera, no solamente «los naturales, a quienes hay que disputar los títulos de posesión» (de nuevo Bolívar), van a

13. *The Modern World System II: Mercantilism and the Consolidation of the European World Economy, 1600-1750*, 1980.

estar marcados por este estigma, también lo estará cualquiera de sus habitantes, pues se deshumaniza por igual a los *primitivos* y a quienes llegan a civilizarlos. Tanto al blanco que se *salvajiza* en medio de la barbarie, como a las que Hannah Arendt ha llamado «poblaciones superfluas»,[14] es decir el «excedente de población» que el centro produce al tiempo que genera excedentes de capital. Ambos, capitales y poblaciones superfluas, se desplazan constantemente en busca de nuevas tierras para incorporar. Toda la población desplazada a los márgenes se entiende como conformada por grupos que «se quedaron atrás» en el orden global, en un estado de atraso social caracterizado por una población de escasa cohesión social, proclive a la violencia y la rebelión. Las *fronteras* se han celebrado como verdaderos bastiones de resistencia donde se enfocan casi exclusivamente las historias de insurgencia, rebelión y bandidismo.

El margen, al ser entendido también como margen de lo humano, se transforma en un «paisaje de terror»[15] habitado por seres oscuros y amenazantes, presos en el estado de barbarie (barbarie que abarca desde la incapacidad de ejercer la ciudadanía, hasta prácticas como la mutilación y la imposición de *burkas* a las mujeres). Pero sobre todo esta deshumanización constituye la cifra de su conceptualización como *terra nullius*, para la cual la única soberanía que se reconoce es aquella que, con el pretexto de su liberación, garantiza que todas sus riquezas puedan ser explotadas. La libertad de las formas modernas del mercado. Esa naturalización constituye la condición de posibilidad de su apropiación instrumental para la explotación y la acumulación de riqueza por parte del centro.

Así, el relato de la naturaleza de los habitantes de la nación y sus paisajes constituye el vehículo a través del cual se traslada a la órbita nacional la noción de la frontera imperial, es decir, el área potencial de expansión de la economía metropolitana, la que se vincularía a la órbita de sus mercados en tanto que, y exclusivamente como, periferia. Esta idea de frontera se elabora y adquiere sentido en el marco de la historia unitaria del progreso humano. Ello resulta evidente en la definición paradigmática propuesta por el historiador F. J. Turner.

14. Cfr. H. Arendt, *L'Imperialisme: les origines du totalitarisme*, 1981. **15.** Y. F. Tuan, *Landscapes of Fear*, 1979.

Éste construye su interpretación de la gran expansión de la civilización hacia las áreas salvajes del Oeste norteamericano con base en la ideología evolucionista del siglo XIX. Según él, la historia de la frontera «comienza con el indio y el cazador; continúa hacia la desintegración de lo salvaje con la entrada del comerciante: el faro de la civilización; después entra en los anales la etapa pastoral de la vida en los ranchos; enseguida viene la explotación de la tierra por medio del cultivo de trigo y el maíz en comunidades dispersas, más tarde la aparición de cultivos intensivos acompañados de asentamientos más densos, y finalmente, aparece la organización manufacturera en conjunto con los sistemas de la ciudad y la fábrica».[16] La definición de Turner, además de pasar a ser un supuesto generalizado, se convierte en un destino.

De esta forma, el mito de la frontera imperial, que transforma grandes áreas del planeta y a sus habitantes en *wastelands,* en los territorios renegados que constituyen el *eje del mal,* se refleja permanentemente y de manera inquietante en los territorios salvajes y las tierras de nadie que marcan los límites del proyecto nacional. Se ha propuesto reiteradamente que lo que impide a estas regiones marginales articularse al proyecto de la nación y al orden de la economía global son sus condiciones de violencia constitutiva. Sin embargo, una mirada a la historia de cualquiera de los intentos de incorporación de los territorios de «frontera» al orden económico y cultural de la economía moderna es suficiente para poner en cuestión esta mirada, y mostrar que es precisamente la imaginación geopolítica del centro y su «proyecto de articulación económica» la que genera las condiciones sociales y económicas necesarias para convertir esta «otra Colombia» en escenario del teatro de la guerra. Un rápido recorrido a través de las prácticas de la explotación petrolera, que no puede estar hoy más a la orden del día, pone esta situación en evidencia. Constituye un buen ejemplo del conjunto de proyectos, cuya economía política se fomenta y se celebra como portadora del desarrollo y de la integración económica de las apartadas «tierras de nadie».

16. F. J. Turner, *The Frontier in American History*, 1953 [1920], p. 11.

El oro negro en Colombia

> Lodo aceitoso barniza las escasas matas que se arrastran en el fango. Fuertes cercas de alambre aíslan el bosque de torres, de tanques y potentes motores que hacen circular la sangre negra, desde las entrañas de la tierra y a través de las gruesas arterias de hierro, hasta la barriga de los buques. Ruido de martinetes, vahos hediondos de residuos asfálticos y gritos en mil lenguas saturan la atmósfera que hierve bajo el sol.
>
> CÉSAR URIBE PIEDRAHÍTA,
> *Mancha de aceite* (1935)

Desde sus inicios la explotación petrolera se ha mostrado como una forma de «hacer patria», como una gesta épica para llevar la civilización a «una tierra de temperaturas ardientes, aguaceros increíbles y tribus nativas nada amigables».[17] El carácter benéfico y deseable de la explotación petrolera no se ha puesto desde entonces en cuestión y es más, la promesa de la prosperidad del oro negro se considera hoy por hoy como la única salida a la profunda crisis económica y fiscal en que se encuentra sumido el país. El petróleo es concebido hoy como uno de los pilares fundamentales de la economía colombiana. En los últimos años ha alcanzando cifras récord. Desde el año 2000 sus exportaciones, del orden de 1 946 millones de dólares, permitieron que el país lograra una balanza comercial favorable, a pesar de la evidente recesión económica. Tan sólo en ese año le transfirió al Estado cerca de dos millones de dólares, lo cual evitó que la reforma tributaria fuera más dura y el déficit fiscal empeorara. Entregó asimismo regalías a municipios y departamentos por el orden de un millón de dólares, a tal punto que hoy muchos de ellos dependen para sus inversiones de estos recursos. Los ingresos por el sector de los hidrocarburos representan hoy el 18% de los ingresos totales de la nación.[18] Colombia ha firmado durante los últimos dos años contratos

---

17. En palabras de *The Lamp*, revista de la Standard Oil [c. 1927]. Cit. por J. J. Bohórquez, «Orígenes y perspectivas de la industria petrolera en Colombia», *Revista Credencial Historia* (Bogotá), núm. 49, 1994, pp. 7-11:7. **18.** Cfr. U. S. Energy Information Administration, www.eia.doe.gov/emeu/cabs/colombia.html y el Informe Anual de la Contraloría General de la República, Bogotá, 2001.

de exploración para cincuenta bloques petroleros, y espera firmar sesenta más durante el 2003. Con el fin de estimular la inversión extranjera ECOPETROL, la empresa colombiana de petróleos, ha bajado su participación en las ganancias del 50% al 30% y se la está jugando con estos contratos de exploración. Espera con ello poder igualar las reservas petroleras de Venezuela y confirmar el prospecto de 2.4 millardos de barriles en cinco años. El petróleo se ve en este momento como la verdadera panacea.

En la historia de las políticas petroleras adoptadas por el Estado en Colombia resulta evidente no únicamente la clara identificación de las élites con los intereses de las compañías petroleras, gracias a la inveterada práctica de sobornos y corrupción,[19] sino la representación de éstos como «intereses nacionales». Curiosamente, en nombre de estos intereses el quebrado Estado colombiano ha terminado por subsidiar a las compañías privadas más grandes y prósperas del planeta,[20] otorgándoles privilegios y beneficios especiales, partiendo siempre de que resulta «más importante para los intereses colombianos que se permita la salida del petróleo del país a que el país reciba más altas regalías por concepto de producción». Colombia ha llegado a importar gasolina a precios internacionales mientras exporta petróleo a precios subsidiados.[21] Bajo esta misma premisa, y con el fin de crear un clima de inversión propicio al capital extranjero, se les ha permitido a las compañías dudosas prácticas laborales basadas en el endeudamiento y el destajo,[22] el saqueo

---

19. Cfr. R. de la Pedraja, *Petróleo, electricidad, carbón y política en Colombia*, 1993; quien además señala que la lista de los beneficiados por las concesiones petroleras se puede leer como la lista de *Who's Who* de la aristocracia colombiana. Por otra parte, una emisión en la televisión francesa, a raíz de «*l'affaire Elf*», pone en evidencia que la administración fiscal del Estado francés contempla una figura especial que permite a las empresas deducciones en los impuestos sobre lo que invierte en «comisiones» para obtener la anuencia de funcionarios locales. El representante del ministerio de finanzas francés entrevistado afirmaba que estas comisiones «*sont legales, nettes et republicaines*». Cfr. «Capital», M6, transmisión del 6-12-01. 20. *Ibid.*, pp. 107 y ss. Por lo demás, esta práctica de subsidiar las actividades de las compañías no se ha limitado a las petroleras, se ha dado también en la agroindustria, como lo ilustra M. Buchelli en *Empresas multinacionales y enclaves agrícolas: el caso de la United Fruit en Magdalena y Urabá, Colombia (1948-1968)*, 1994, pp. 46-47. 21. De la Pedraja, *op. cit.*, pp. 75 y ss., 106 y ss., 151 y ss. 22. *Ibid.*, pp. 48, 81, 85, 134 y ss.

rapaz de los recursos con una irresponsabilidad total en el manejo de desechos, y el montaje de milicias privadas para la pacificación de las regiones de explotación,[23] lo que ha llegado a asumir en algunos casos el carácter de verdaderos etnocidios. La brutal persecución para «limpiar» de indios los territorios del petróleo se encuentra viva en la memoria colectiva de pueblos como los bari o motilones, quienes eran cazados por los funcionarios de la Colpet en safaris organizados para exterminarlos,[24] o en la de los chimila, quienes eran quemados vivos cuando se comenzó a explotar el valle del Magdalena, o en la de los coreguajes, cofanes y uitotos, también convertidos en presa de cacería con motivo de las explotaciones petroleras del Putumayo y de los procesos de colonización intensivos que éstas desataron, al igual que los guahibos en Arauca, o los nukak en el Guaviare. No en vano el pueblo *U'wa* se ha propuesto suicidarse colectivamente ante la explotación petrolera en su territorio, como lo hicieron muchos grupos frente a las atrocidades cometidas por los colonizadores en época de la dominación española.

Sin embargo, la historia de la explotación petrolera no se escribe solamente con la aterradora empresa de exterminación de los indios. La suerte de los colonos, aventureros y trabajadores que llegaron sedientos a beber de la fiebre del oro negro no ha sido tampoco brillante. Las intensas luchas sindicales de los trabajadores petroleros han puesto en evidencia las lamentables condiciones de vida y de trabajo que se dieron en los campamentos petroleros durante más de la primera mitad del siglo XX.[25] Los trabajadores *veintiocheros,* es decir contratados al destajo cada veintiocho días, son enganchados por un capataz que representa al patrón invisible que nunca es la compañía dueña del contrato de explotación, pues ésta se las arregla para subcontratar y dividirse en empresas contratistas y subcontratistas.[26] Ese camuflaje le permite evadir, por medio de intrin-

---

23. Como en el caso de la Concesión Barco, cfr. R. Vega y M. Aguilera, *Obreros, colonos y motilones: una historia social de la Concesión Barco, 1930-1960,* 1995. **24.** Cfr. Vega y Aguilera, *op. cit.,* pp. 153 y ss. **25.** Cfr. G. Almario, *Historia de los trabajadores petroleros,* 1984; M. Archila, *Aquí nadie es forastero,* 1987; C. N. Hernández y J. Yunis, *Barrancabermeja: nacimiento de la clase obrera,* 1985. **26.** Este mismo esquema se da no sólo en el caso del petróleo. M. Buchelli ilustra bien el funcionamiento de este mecanismo en el caso de la explotación bananera en Urabá. Cfr. *Empresas multinacionales y*

cados vericuetos, las responsabilidades fiscales y administrativas y sobre todo las responsabilidades laborales y sociales con los trabajadores. Lo describe crudamente César Uribe Piedrahita en su novela *Mancha de aceite* (1935), donde narra los abusos a los que eran sometidos los peones y los trabajadores de base, tratados como animales de carga, desechables.

A pesar de ello, el espejismo de los campamentos de las compañías, con luz eléctrica y aire acondicionado, víveres importados que llegan por avión y fuentes que riegan los jardines, no ha dejado de atraer procesos masivos de «colonización petrolera», desatados a veces tan sólo por el rumor de la bonanza. Además de la gente que llega esperando ser enganchada como veintiochera, llega también la que espera poder vivir del movimiento que genera la explotación y aprovechar la apertura de carreteras que abren camino al establecimiento de «mejoras» y de fincas. Las compañías se han esforzado por darle la espalda a la colonización, intentando disuadirla. La presencia de colonos implica costos en términos de servicios asistenciales y de seguridad social que las compañías, si a duras penas los han asumido con los trabajadores, no están dispuestas de ningún modo a hacerlo con los colonos. A pesar de todo, surgieron de manera imparable numerosos asentamientos[27] que las compañías han tratado de contener por medio de los muros alambrados en los que encierran los campamentos e instalaciones con los que únicamente se logra aislar, literalmente, el «polo de desarrollo» del «subdesarrollo» que se genera a su alrededor. Así, en los pueblos y ciudades surgidos a la sombra de los alambrados electrificados, acampan las hordas que atrae el oro negro: aventureros, campesinos, desplazados, comerciantes de cachivaches, contrabandistas de licor y cigarrillos, tahúres profesionales y, evidentemente, prostitutas, pues «la mujer es una mercancía que se cotiza muy alto en la tierra del oro negro». Al igual que frente a la colonización, las compañías petroleras han tenido una actitud ambigua frente a la prostitución. Prohibían y perseguían a las «mujeres de vida ale-

---

enclaves agrícolas: el caso de la United Fruit en Magdalena y Urabá, Colombia (1948-1968)*, 1994, pp. 35 y ss. **27.** Ver *p. e.*, para el caso de las explotaciones petroleras en los Llanos orientales, F. Dureau, C. Florez, *Aguaitacaminos: las transformaciones de las ciudades de Yopal, Aguazul y Tauramena durante la explotación petrolera de Cusiana-Cupiagua*, 2000.

gre» por miedo a las epidemias venéreas pero, por otra parte, consideraban necesaria la prostitución para controlar la fuerza de trabajo. Al tiempo en que oficialmente se niega a las «mujeres de vida alegre» de hecho se las tolera, se las fomenta y en algunos casos incluso se las ensalza.[28]

Este régimen confuso de prohibición y tolerancia, marcado por un juego de legalidades e ilegalidades difusas, impera en las explotaciones que han sido tradicionalmente manejadas como verdaderas «repúblicas independientes». Hasta hace pocos años las compañías se apropiaban de los terrenos de la concesión, donde no sólo explotaban el petróleo, sino todos los demás recursos que estuvieran a su alcance, en particular las maderas. La explotación petrolera ha estado acompañada por la tala indiscriminada y masiva de bosques. Todo ello facilitado por la imposibilidad absoluta por parte del Estado de poner controles, ni siquiera a la contaminación generada por las actividades petroleras: las reglas las ponían las compañías y el Estado se limitaba a conceder con tal de que entrara el porcentaje acordado de regalías. Sólo a finales de la década de los sesenta, el Estado comienza tímidamente a demandar controles y a realizar monitoreos de las aguas industriales en los campos petroleros, a pesar de que desde finales del siglo XIX existía en Colombia un Derecho de Aguas y Bosques.[29] Y sólo en la década de los ochenta se comienzan a realizar inversiones significativas en sistemas de tratamiento de residuos para campos de producción y refinerías. El inventario de los efectos ambientales de los últimos noventa años de explotación petrolera es lastimoso. Pone en evidencia el manejo absolutamente irresponsable de las consecuencias ecológicas de la explotación petrolera por parte de las compañías, que ha incluido desde la contaminación de aguas y la destrucción de los recursos hidrobiológicos, hasta la extinción de ecosistemas completos.[30] Este manejo contó siempre con la anuencia del Estado, que en su afán por «crear condiciones favorables a la inversión» se hizo de la vista gorda, al

---

28. Vega y Aguilera, *op. cit.*, cuentan la historia de las mujeres que en el Catatumbo ejercían «la profesión más antigua del mundo», que llegaron a ser verdaderas leyendas en la región: las más conocidas eran «la Gabarra», «la Siete Cartuchos», «la Piel de Tigre», la «Mona Girón» y «la Cuatrocientos».   29. Cfr. A. Avellaneda, *Petróleo, colonización y medio ambiente en Colombia: de la Tora a Cusiana*, 1998, p. 121.   30. *Ibid.*

igual que lo hizo con el exterminio de las poblaciones indígenas y con los asuntos laborales, permitiendo a las compañías
más prósperas del planeta toda clase de abusos.

Está de más señalar que el desarrollo de la empresa extracti-
vista en general y de las *explotaciones de enclave* se considera de
interés nacional. Lo es tanto para los países donde las empresas
que invierten tienen radicado su capital, como para los países
«huéspedes». Los intereses comerciales de las grandes compañías
se han considerado siempre por parte de los gobiernos metropolitanos como intereses que llegan a ser incluso de seguridad nacional, partiendo de la premisa expresada una vez por el presidente
Eisenhower cuando decía que *«what's good for our country is
good for General Motors, and viceversa»*.[31] Sus intereses son también cruciales para los países «productores» gracias al poder relativo que las compañías pueden llegar a tener sobre el total de la
economía, en la medida en que no sólo tienen control de un porcentaje significativo (a veces determinante) de los ingresos de la
nación, sino que son ellas quienes regulan la oferta mundial del
producto y los niveles de producción. Ello es especialmente cierto en el caso del petróleo. La idea es que, en nombre de la nación
y de los dudosos beneficios que ésta recibe, se pueda llegar a la
elusiva prosperidad económica liderada por la economía industrial, de cuyo crecimiento se desprendería el de la nación en general. Para garantizar su prosperidad, se espera que el Estado esta-
blezca unas reglas de juego favorables (reducción de los niveles de
protección arancelaria, medidas fiscales y monetarias adecuadas,
condiciones laborales favorables a las empresas, etcétera).

Sin entrar a discutir esta noción de que el crecimiento de los
capitales altamente concentrados irradiaría en beneficios para la
sociedad en general, cabe señalar que numerosos analistas han
mostrado que el impacto de este tipo de explotaciones sobre las
economías de los países «huéspedes», contrariamente a lo que se
pretende, es altamente negativo.[32] Hasta el mismo Banco Mundial ha comenzado a admitir que este tipo de explotación (*«site*

31. Citado por S. Buck-Morss, «Envisioning Capital: Political Economy on Display», en *Visual Display: Culture beyond Appearances*, L. Cooke, P. Wollen (eds.),
1995, p. 113.   **32.** Cfr. T. L. Karl, *The Paradox of Plenty: Oil booms and Petro-
states*, 1997; K. Chaudry, *The Price of Wealth: Economies and Institutions in
the Middle East*, 1997, quienes hacen un amplio recuento de los análisis que

specific» exploitation) puede exacerbar más que reducir los conflictos sociales.[33] La experiencia ha mostrado sobradamente que este tipo de actividades económicas de enclave y extracción no se traduce en beneficios ni locales, ni regionales, ni se elevan los niveles de vida de las poblaciones. Su efecto es más bien el opuesto: dejan detrás de sí pobreza, desolación, corrupción, y en vez de fortalecer las finanzas fiscales que es su última justificación, se ha mostrado que terminan por producir serios descalabros macroeconómicos.[34]

La otra paradoja de este esquema es que la economía global se entiende aquí como el mecanismo mediador para establecer la pertenencia a la nación. Se trata de una mediación a través de la cual tanto la nación como sus «fronteras internas» se ven ubicadas en el contexto que les corresponde: en el de la periferia de la periferia. Por ello en su economía política se reproduce una figura paradigmática y recurrente en la historia colonial de América Latina: la visión de sus gentes y sus paisajes como *tierras de nadie*, como minas sin dueño. Desde el descubrimiento de los primeros yacimientos de plata en el Cerro de Potosí, las «regiones periféricas», para ser integradas, son subastadas en el mercado mundial a través de un ciclo exportador. Así, la forma que se ha privilegiado tanto para articular la economía de la nación como para integrarla territorialmente ha sido la de transformar sus gentes y sus paisajes en mercancía del mercado global. En una mercancía fetichizada por la magia de su imagen. Una imagen ambigua, que celebra por un lado la promesa de su riqueza salvaje, exótica e incluso mística, y por el otro se centra en la amenaza del desorden y la rebelión, pues las regiones de extracción se han conocido siempre como «tierras de bandidaje y miedo». Por ello, aquí *business is war*, literalmente.

Armas por petróleo

Con el pretexto de tener seguridad en un medio agreste, las armas y las milicias han sido el mecanismo que históricamente se ha privilegiado para garantizar la rentabilidad de las empresas en

---

se han propuesto desde diversas perspectivas. **33.** P. Collier, A. Hoeffler, *World Bank Policy Research Paper 2355*, 2000. **34.** *Ibid.*

los confines de la nación. Se puede afirmar de manera general que cualquier «avanzada del progreso» en las tierras de nadie se ha concebido invariablemente como una hazaña que requiere de hombres armados: ya se trate de construir una carretera, establecer un fundo, de sembrar palma africana o de extraer petróleo, e inclusive para realizar investigaciones arqueológicas.[35]

Por lo demás, los imperios privados puestos en marcha con el pretexto de la seguridad no se han limitado a garantizar las condiciones necesarias para las economías de enclave o para la empresa encargada de la extracción. Han sido un ingrediente fundamental en el establecimiento de redes para el comercio ilegal. Las tierras de nadie han sido escenario privilegiado de contrabando de todo tipo, de esclavos, de alimentos, de licor, de tabaco y de cigarrillos, de drogas y de armas. Aunque se ha creado la imagen romantizada de que el contrabando es cosa de aventureros, históricamente las élites regionales, los empresarios y los funcionarios locales han participado, fomentado y sobre todo aprovechado el contrabando. La situación actual del conflicto colombiano da buena cuenta de ello, en la medida en que todos los actores se han visto fortalecidos tanto por la afluencia de «dineros calientes» como por el contrabando de armas. Ello ha dado pie a la consideración de que la violencia actual en Colombia responde directamente al apogeo del narcotráfico. Sin embargo, es importante señalar que ya desde la década de los ochenta los distintos grupos con poder aprovechan no sólo el auge de la mariguana, la coca, y la amapola, sino también el de las economías «lícitas» de enclave, que incluyen además de petróleo, gas y carbón, los desarrollos agroindustriales como el banano o la palma africana.[36] Todas ellas

35. Como en el caso del proyecto arqueológico del Buritaca, en la Sierra Nevada de Santa Marta (más conocido como Ciudad Perdida), que ha mantenido desde que se inició a mediados de los años 70 (cuando no había guerrilla en la región) un grupo de hombres del ejército o de la policía nacional para seguridad.   36. De acuerdo con cálculos del Banco Mundial, solamente las compañías multinacionales europeas en Colombia han pagado en extorsiones 1 000 millones de dólares a la guerrilla, se ha llegado incluso a crear pólizas de seguros para amparar secuestros y extorsiones. Cfr. Declaraciones de Paul Collier, director del grupo de Investigación para el Desarrollo del Banco Mundial, en «Multinacionales Europeas han pagado en extorsiones 1 000 millones», El Tiempo (Bogotá), 6-3-03.

han contribuido a fortalecer no sólo a las guerrillas –a través del secuestro y el boleteo–, sino a las milicias privadas de todo tipo.

Hoy esta dimensión del «conflicto interno» está siendo puesta en evidencia y se está viendo exacerbada por la presión de las economías adictas al petróleo, como la de Estados Unidos, que con un consumo de veinte millones de barriles diarios es actualmente el principal consumidor de petróleo en el mundo. De acuerdo con su demanda creciente, se espera que este nivel de consumo aumente en un 25% durante las próximas dos décadas. Significativamente Estados Unidos, como ocurre por lo general con los países industrializados, no libera fácilmente la que llama su «reserva estratégica de petróleo». Incluso ahora, en momentos en que la guerra y la violencia generalizadas han puesto en entredicho el flujo del petróleo de tres gigantes productores como Nigeria, Venezuela e Irak, los países importadores, a través de la Agencia Internacional de la Energía, se han centrado más bien en presionar la liberación de las reservas de los países exportadores de petróleo. Ése fue precisamente uno de los acuerdos previos al inicio de hostilidades en Irak.[37]

Actualmente Estados Unidos importa más petróleo de Latinoamérica (México, Venezuela, Ecuador y Colombia) que de todos los países del Golfo Pérsico combinados.[38] Colombia es el sexto proveedor de petróleo de los Estados Unidos, por lo que los funcionarios de ese país han expresado reiteradamente su intención de defender sus intereses en las operaciones petroleras en Colombia,[39] expresando incluso que su principal interés al apoyar al gobierno colombiano con ayuda militar es, más que la lucha antidrogas, «defender las operaciones de Occidental, British Petroleum y Texas Petroleum y asegurar el control de los pozos colombianos al futuro».[40] Han expresado también que su prioridad es aumentar su capacidad de control sobre las

---

37. «En caso de guerra EEUU no echaría mano a sus reservas de crudo», de *The Wall Street Journal*, *El Tiempo*, 14-3-03.   **38.** Cfr. T. Dunning, L. Wirpsa, «Oil Rigged in Colombia», en *Connection to the Americas*, núm. 18, vol. 1, feb. 2001.   **39.** Cfr. «El objetivo de los EEUU es el petróleo», *El Espectador* (Bogotá), 8-10-00; «Colombia: The Next Oil Patch», *The New York Times*, 23-4-01; «EEUU cuidará sus intereses en Colombia: Embajadora Patterson», *El Tiempo* (Bogotá), 10-2-02.   **40.** En palabras de Stan Goff, ex miembro de las Fuerza Especiales de los EEUU destacadas para entrenar los batallones antinarcóticos en Colombia, cit. por Dunning y Wirpsa, *op. cit.*

reservas de petróleo de sus aliados, con el fin de minar «la capacidad del arma petrolífera de los países del Medio Oriente».[41] Con ese fin, el gobierno norteamericano ha destinado además de los recursos del Plan Colombia una partida especial de 98 millones de dólares para proteger el oleoducto Caño Limón-Coveñas, el más importante del país, y mantiene en territorio colombiano un contingente de las Fuerzas Especiales, cuya misión es entrenar las unidades del ejército colombiano que tienen a su cargo la seguridad de la infraestructura petrolera. Hasta hoy Washington ha dado al país ayuda militar por 2 051.6 millones de dólares, convirtiendo a Colombia, después de Israel y Egipto, en el que más ha recibido en ese lapso. El apoyo del gobierno colombiano a la guerra contra Irak, que expresa su identificación con la concepción geopolítica del terrorismo propuesta por el gobierno de Washington, le significó lo que la prensa irónicamente ha calificado como un «premio» de cien millones de dólares, adicionales a los 500 millones ya autorizados para este año, en ayuda militar.

No se puede ignorar la escalada de violencia durante los últimos años en las zonas petroleras colombianas que ha adquirido dimensiones escandalosas, reflejando como en un espejo la situación internacional. De hecho, las localidades de Arauca, el Magdalena Medio y el Putumayo, en las principales zonas petroleras del país, están entre los municipios más críticos a nivel nacional. Ya para 1997 tenían una tasa de homicidios muy por encima de la tasa promedio nacional de 75.4 homicidios por cada cien mil habitantes al año entre 1995 y 1997, que es una de las más altas a nivel mundial.[42] Por otra parte, la guerrilla no da tregua a la infraestructura petrolera. Desde 1999 ha realizado 4 400 atentados contra ella.[43] Con el ánimo de pro-

41. De acuerdo con las declaraciones de James Wolsley, ex director de la CIA, para *El País* (Madrid), 3-8-02, «tenemos que desmantelar el poder del arma petrolífera saudí». 42. Cfr. *Colombia: conflicto armado, regiones, derechos humanos y DIH*, Observatorio de Derechos Humanos, 2002, donde se señala que aun cuando América Latina tiene una tasa de casi 30 homicidios por cada 100 000 personas, más del doble que la de cualquier otra región del planeta (el Medio Oriente y África que la siguen tienen una tasa algo menor que 10), la tasa de Colombia es 2.5 veces mayor que la de América Latina en su conjunto. Las tasas de homicidios de dos departamentos, Arauca y Antioquia superan de lejos el promedio nacional. 43. Cfr. «Mosaico del país que recibe el nuevo presidente», *El Tiempo*, 25-5-02.

tegerse frente a esta amenaza, las compañías petroleras tienen un convenio de cooperación para la seguridad de las instalaciones con el Estado colombiano, mediante el cual aportan recursos para que el ejército militarice las instalaciones. En 1997 se contaba sólo en Arauca, según declaraciones del presidente de la Oxy, con «cerca de doscientos hombres del ejército y noventa de la policía. En octubre se crearon dos unidades de contraguerrilla nuevas en el área, la asociación Shell-Oxy va a aportar este año trece millones de dólares [...] en general el diez por ciento de los costos operacionales son para seguridad y eso es el porcentaje más alto de cualquier país en el mundo».[44] Por otra, parte hay que contar el impuesto de guerra, «en total Oxy pagará este año más de treinta millones de dólares en concepto de seguridad». La presencia de las Fuerzas Armadas Nacionales en la región se percibe entonces claramente identificada con la de las compañías petroleras y, por lo tanto, asociada a sus intereses. En realidad, todos los grupos armados legales e ilegales se perciben de la misma forma: todos aparecen, a los ojos de la población, interesados en vivir de las divisas petroleras.[45]

A partir de la implacable acción de la guerrilla contra la infraestructura petrolera, las regiones vinculadas con su producción son actualmente objeto de una agresiva política de pacificación territorial por parte del gobierno colombiano. Han sido designadas como «zonas de rehabilitación y consolidación»,[46] donde mediante la militarización y el establecimiento de «redes de informantes» se impone un control estricto de la población. La espiral de movilizaciones que la situación de violencia y represión han generado, expresados en paros cívicos, en bloqueos de vías y movimientos de protesta, han sido sistemáticamente enfrentados con represión militar y paramilitarización de estas zonas.[47] Esta

---

44. «La guerrilla nos acorrala: Oxy» en *El Tiempo,* 21-4-97.   **45.** De acuerdo con una serie de entrevistas que realicé en la zona de Tame y Saravena (Arauca) en febrero de 1998 con indígenas, campesinos y funcionarios locales.   **46.** En palabras del diario *El Espectador:* «Por Arauca, Bolívar y Sucre, epicentro de las Zonas de Rehabilitación decretadas por el gobierno, cruza el oleoducto Caño Limón-Coveñas, uno de los ejes de la economía nacional que necesita protegerse» («Las zonas del oleoducto», 6-10-02).   **47.** Cfr. *El Tiempo:* «Éxodo a Tame por combates», 15-12-98; «Utilizada ayuda militar de EEUU en Tame», 22-12-98, y para un recuento de la escalada paramilitar en el Sarare: «¿De "Arauca Saudita" a "Ar-AUC-a"?», 3-6-01.

intervención se ha dirigido a poner en práctica la única solución que en el marco de la imaginación geopolítica vigente se concibe como posible: la de «la mano dura», que se traduce en un incremento en el gasto militar, en el número y la capacidad de hombres armados, en el estricto control de la población y en la restricción de sus libertades civiles. Todo ello acompañado de la acción impune de las *fuerzas oscuras* del paramilitarismo.

El enfocar prioritariamente a los protagonistas de la guerra y el ver por todas partes ataques, conjuras, traiciones, sublevaciones por parte de los grupos que por estar amenazados se ven transformados en amenazantes, ha creado lo que Mike Davies llama «entornos de paranoia» (*paranoid environments*).[48] En ese contexto se trata por igual a todo el mundo como una peligrosa amenaza y se considera imprescindible el rodearse de seguridad para cualquier cosa, lo que crea una bola de nieve de amenaza y militarización. La acción del Estado-élites se ha dirigido a la represión de esta amenaza, creada por su misma acción, incrementándola cada vez que interviene en ella. En los numerosos estudios sobre las zonas de frontera interna se hace énfasis en que la precariedad estatal que presentan se relaciona con el hecho de que la presencia oficial se ha centrado en acciones represivas y punitivas. Esta represión sirve para multiplicar la amenaza, lo que permite no sólo aprovecharla, sino legitimar cualquier tipo de intervención donde el fin justifique los medios.

No se puede, por ello, dejar de evocar las políticas de pacificación coloniales con las que tanto el Estado como las élites regionales con sus milicias privadas mantuvieron una situación de desorden en estas fronteras de la civilización, estigmatizándolas como espacios de miedo, incontrolados, constituyendo así una verdadera cortina de humo detrás de la cual cualquier cosa está permitida. No es gratuito que coincidan geográficamente las fronteras militares de resistencia armada en la colonia, con los corredores de contrabando y con las fronteras internas en el teatro de la guerra contemporánea.

48. M. Davies, *Ecology of Fear: Los Angeles and the Imagination of Disaster*, 1998, pp. 380 y ss.

Pacificar para globalizar

Curiosamente sigue siendo el relato mítico de estas regiones renegadas «de tierras ardientes habitadas por seres patéticos, esos lugares monstruosos donde reina la barbarie»,[49] el que está detrás del estado de cosas que justifica hoy la intervención militar del centro, ya sea del centro a escala local o del centro a escala «global». Así se expresa en el concepto de lo que debe ser la «seguridad estratégica en la era de la globalización», que articula la teoría operativa del mundo contemporáneo y la estrategia militar correspondiente, tal como lo enuncia «El nuevo mapa del Pentágono»,[50] para el cual el mundo contemporáneo se divide brutalmente, siguiendo la vieja tradición determinista, en dos. Por un lado, las regiones donde «la globalización se presenta densa, a través de redes de interconexión, de transacciones financieras, del flujo liberal de los medios, de seguridad colectiva [...] regiones donde aparecen gobiernos estables, niveles ascendentes de vida y más muertes por suicidio que por homicidio».[51] Estas regiones constituyen «el núcleo que funciona» –*The Core: the functioning core*–. Se oponen a las regiones del mundo donde «la globalización es débil, o está del todo ausente [...] regiones plagadas de regímenes políticos represivos, de pobreza y enfermedad generalizadas, de masacres rutinarias y lo más importante: de conflictos crónicos que incuban la próxima generación de terroristas globales».[52] A estas regiones se las llama «la brecha no integrada» –*The Gap: The non Integrating Gap*–, o el «hueco de ozono de la globalización». Aparte de las consideraciones que se pueden proponer a partir del uso de estas imágenes para naturalizar la economía política de lo que conocemos hoy bajo la denominación de «globalización», lo que me interesa subrayar aquí es la continuidad de la lógica colonial que subyace a esta mirada. La que constituye, por lo demás, lo que V. Y. Mudimbe categoriza como el «grado cero» del discurso, en la medida en que expre-

---

49. Tomando prestadas las palabras con las que V. Y. Mudimbe caracteriza los que él llama «lugares renegados» –*refused places*–, como el continente africano. Cfr. *The Idea of Africa*, 1994, p. 9. **50.** Como lo formula Thomas P. Barnett, US Naval College, en su artículo «The Pentagon's New Map», reproducido en *Esquire*, marzo 2003. **51.** *Ibid.* **52.** *Ibid.*

sa, sobre todo, una interpretación mítica y popular de los eventos fundadores de la cultura y del devenir histórico.[53]

La oposición *Gap-Core* y su idea concomitante de fronteras condensan el conjunto de argumentos que le dan una geografía a la historia lineal del progreso humano, que se extiende desde lo más primitivo en las zonas salvajes tropicales hacia el núcleo más civilizado en el hemisferio norte, urbano y temperado. En ella se naturaliza y se universaliza la conciencia de que la metrópolis se forjó a sí misma y a los otros en el marco de su proyecto colonial. Esta idea se ha visto sistematizada a través de una serie de modelos propuestos desde varias disciplinas, que han logrado escudarla bajo el manto de la legitimidad de la ciencia, con lo que se gana al mismo tiempo un poderoso efecto de realidad. Este pase de magia se basa, como lo señala Pierre Bourdieu, en la simbiosis de dos principios de coherencia: el uno, de aire científico, basado en los vocabularios y las formas de expresión ilustradas, recubre al otro, que se funda en una serie de nociones socialmente mistificadas. Así, la dimensión «racional» redunda y oculta, a través de una red de oposiciones y de equivalencias, toda una estructura fantasmagórica que sustenta la teoría.[54]

Quizá uno de los ejemplos fundadores de este tipo de formulación del orden del mundo es el Modelo de las Zonas Concéntricas desarrollado por J. H. von Thünnen en 1826.[55] De acuerdo con éste, el uso productivo de la tierra se ve determinado por la distancia a un centro urbano. Lo que se produce en una localidad dada, depende primordialmente de dos variables: el costo del transporte al centro urbano y cuán dispuestos están los ciudadanos a pagar por el producto. Así, alrededor de los núcleos urbanos se formarían zonas concéntricas en las que la actividad económica va decayendo a medida que aumenta la distancia del centro. La más alejada de estas zonas sería la de la economía de subsistencia y más allá se encontrarían las tierras vírgenes y salvajes. Uno de los principales efectos de este modelo es que ignora e invisibiliza todas las formas de producción, de mercado y de gestión del territorio diferentes a las

53. *Op. cit.*, p. XIII. **54.** Cfr. P. Bourdieu, «Le Nord et le Midi: Contribution à une analyse de l'effet Montesquieu», en *Actes de la Recherche en Sciences Sociales* (París), núm. 35, 1980. **55.** J. H. von Thünnen, *The Isolated State*, 1826.

modernas. Las desecha, relegándolas al mundo de lo salvaje. El modelo de Von Thünnen sigue siendo paradigmático. Ha sido retomado en importantes postulados espaciales y de planificación, como la Teoría de los Lugares Centrales, de W. Christaller, de 1966,[56] según la cual, allí donde una ciudad llega al límite de su área de influencia económicamente viable, tendría que surgir un nuevo centro urbano para optimizar y garantizar las actividades económicas. Este surgimiento de nuevos polos urbanos sería lo que garantizaría el desarrollo.

La teoría de los lugares centrales representa, en últimas, la traducción de la vieja teoría difusionista de las áreas culturales a los términos autoritativos y cuantificables de las ciencias espaciales. Esta noción, vigente desde comienzos del siglo XIX, fue formalizada por A. Bastian en Alemania[57] en la década de 1860. De acuerdo con ella se puede distinguir en toda distribución de rasgos y comportamientos sociales y culturales un núcleo central desde donde éstos se difunden hacia la periferia, formando una secuencia de zonas concéntricas a partir del círculo inicial. Este núcleo cultural sería el centro de mayor desarrollo y antigüedad. (De hecho, Barnett se refiere a Europa como el «viejo núcleo» de la globalización –*Globalization's Old Core*.) Por ello, los círculos concéntricos ilustran las fases o etapas de un desarrollo evolutivo hacia el centro. Cada uno de estos círculos representa a la vez un espacio geográfico y su nivel de desarrollo que va aumentando de acuerdo con su proximidad respecto al centro. No deja de ser significativo el desarrollo y uso paralelo de las dos versiones en que ha sido formulada esta misma idea: la económica y la cultural.

En la noción de Barnett, el núcleo central correspondería a aquellos espacios en los que se constatan los rasgos y comportamientos adjudicados a la modernización global: servicios bancarios, la protección de patentes, estándares de producción, niveles de consumo que definen niveles de vida, así como cohesión social y la consolidación de la democracia, identificación con el proyecto nacional, etc., y la secuencia de zonas concéntricas a partir del núcleo central, se desplaza hacia la periferia,

---

56. Cfr. W. Christaller, *Central Places in Modern Germany*, 1966.   57. Cfr. E. Conte, «Aires Culturelles», en *Dictionnaire de l'Ethnologie et l'Anthropologie*, 1991.

hacia lo que él llama «la brecha» conformada por las áreas fronterizas y la periferia de las áreas fronterizas. En el esquema de Barnett se proyecta en términos geográficos y económicos la misma propuesta que une la frontera de Turner, los lugares centrales de Christaller y el núcleo central de Bastian: la vieja idea del difusionismo cultural construida sobre la imagen positivista de la historia como una línea evolutiva y causal que fue recubierta por el conjunto de argumentos naturalistas del siglo XIX, el siglo de la era imperial.

El hecho de considerar a las regiones que constituyen la brecha como «semilleros de terrorismo» es también parte de este conjunto de representaciones. Surge de la idea de la «ley de la selva» que se refiere a un estado primitivo de violencia, inherente al estado originario de toda humanidad. Según la concepción naturalista-lineal de la historia, que al ser aplicada a la organización política supone que la sociedad evolucionaría de las hordas de salvajes regidas por la ley del más fuerte, hasta los Estados modernos, regulados por la racionalidad. Proyectar en las fronteras del mundo articulado por las redes «globales» las condiciones de atraso y anarquía del estado «salvaje», crea y reproduce el efecto retórico y reiterativo del proceso de inversión mediante el cual se crea una geografía y una etnografía imaginarias, al tomar el inverso de lo cercano y lo familiar, para dar cuenta de lo lejano y diferente.[58] A través de este mecanismo se proyecta en ellas la antigua tradición europea de ver en las selvas y las tierras de nadie «la morada de los proscritos: los locos, los amantes, los bandidos, los eremitas, los santos, los leprosos, los confabulados, los fugitivos, los inadaptados, los perseguidos y los salvajes».[59] Se consideran entonces como lugares al margen de la ley, refugio de héroes y bandidos o de bandidos héroes como Robin Hood de los bosques. Todo ello en este ámbito por fuera del alcance de la razón, del orden cívico, de la ciudad, de la civilización.

La representación de las *no man's lands*, de los territorios salvajes, se centra por ello en los protagonistas de la guerra y la

---

58. La inversión para dar cuenta del Otro es una particularidad de la tradición europea, como lo ilustran, entre otros, F. Hartog, *Le Miroir d'Hérodote*, 1991 [1980]; E. Said, *Orientalism*, 1979; R. Bartra, *El salvaje en el espejo*, 1992 o V. Y. Mudimbe, *op. cit.* 59. R. Harrison, *Forêts: Essai sur l'imaginaire occidental*, 1992:99.

ilegalidad, de la resistencia y la transgresión. Los lugares salvajes se conciben entonces como un mundo donde impera el desorden y donde al mismo tiempo imperan otros órdenes, otras reglas de conducta, donde se traslapan múltiples códigos. Donde los códigos de lo normal se transgreden y se transfiguran. Constituyen «un campo donde combaten la confusión y la verdad», como lo expresara, a propósito de La Guajira, el gobernador de Santa Marta en 1801.[60]

Este concepto de tierras de nadie y su corolario de «seguridad estratégica», revelan que el Orden Global contemporáneo se sigue configurando a partir de la vieja oposición colonial entre centros metropolitanos y fronteras salvajes. El conjunto de metáforas que define estas fronteras encierra en un mismo campo semántico realidades sociales tan disímiles como Cachemira, la Amazonia, o el Tercer Mundo en general. Sin duda, esta división se ha complejizado territorialmente: *Skid Row* en el centro de Los Ángeles es una frontera prácticamente en el mismo sentido en que lo es Afganistán, así como los enclaves financieros de Bogotá o de Bangkok son parte de los centros metropolitanos, en la medida en que allí, en pleno *gap*, tienen su sede «local» los ejes financieros y de consumo. Más que haberse fragmentado, estos espacios se han fractalizado: tanto los centros como las periferias salvajes se han expandido, penetrándose mutuamente hasta los más recónditos lugares. Aparte del hecho de que esta relación ha «desterritorializado» ciertos procesos sociales y económicos, esta división se inscribe cada vez más nítidamente en el espacio y en los cuerpos de las personas. Separa ciudades, países, regiones, creando verdaderos enclaves de seguridad. Se aíslan así los grupos de inmigrantes, de pobres, de *homeless*, para contener fuera de sus fronteras el caos y la anarquía. De cierta manera, el esquema del enclave petrolero se reproduce y se multiplica en las formas de organización espacial del mundo contemporáneo.

Este concepto de guerra global, con su obsesión por la seguridad, con sus sistemas policiales de control, basada en la certeza de que las tierras de nadie son una amenaza, ha convertido los barrios y *favelas*, los *inner cities, cités*, y en general

60. Cit. por R. de la Pedraja, *La Guajira en el siglo XIX: Indígenas, contrabando y carbón*, 1988:13.

todos los territorios salvajes en verdaderas zonas de tolerancia que son hoy el teatro de la guerra donde se despliega el poderío militar del centro que busca «restaurar el orden y erradicar amenazas».[61] El conjunto de intervenciones mediante el cual se busca garantizar su pacificación termina por generar ese Estado opaco que permite todo el conjunto de prácticas que hacen posible el voraz enriquecimiento del «capitalismo salvaje»: esclavitud, endeudamiento, contrabando, explotación sin control de gentes y recursos, producción y comercialización de ilícitos y «dinero caliente», para ampliar y reproducir el esquema. Allí vale todo.

La voracidad y la aparente ineluctabilidad de la explotación petrolera pone en evidencia el sentido de esta obsesión por «exportar seguridad» a las tierras sin Dios y sin ley.[62] Trae al centro de la escena la lógica de la multiplicidad de guerras que recubren el «Tercer Mundo» y en especial a «la brecha» del planeta: muestra que a pesar de aparecer categorizadas como «locales» e «internas» son producto de la economía política de la globalización y de las formas militares que la sostienen. La ubicuidad y dimensión de estas guerras se ve sistemáticamente ocultada y banalizada por la espectacularidad de las más mediáticas.

La política del petróleo y del enclave ponen en primer plano el apremio de las formas de explotación del *profit making potential*, al tiempo que revela a sus agentes como herederos de las viejas nociones coloniales. La avidez de los explotadores de petróleo de hoy, como la de quienes explotaron caucho en los mismos territorios hace un siglo, los convierte igualmente en «enfermos de la imaginación que ven por todas partes ataques, conjuras, traiciones y sublevaciones, y para salvarse de estos cataclismos fantásticos, matan y matan sin compasión».[63]

61. En palabras de Barnett, *op. cit.* 62. Barnett propone incluso como axioma que la potencial intervención militar de los Estados Unidos es inversamente proporcional al grado de «conectividad global» de un país. 63. Así describe el juez de Loreto, R. Paredes, a los caucheros de la tristemente célebre Casa Arana en el Amazonas. Trascrito por R. Pineda Camacho, *Holocausto en el Amazonas: una historia social de la Casa Arana*, 2000, p. 114.

5. LAS AMÉRICAS, LA VIOLENCIA, LO OBVIO
Antònio Risério

Frente a un tema como éste –«América Latina y la guerra global»–, las reacciones políticas y culturales pueden ser muy diversas. Inmediatamente, mi tendencia personal es decir que la guerra que incendia actualmente el Medio Oriente (quién sabe si configurando de forma *sui generis* una tercera guerra mundial parcelada, reiterativa y zigzagueante, cuyo punto de partida más visible estaría en los atentados del 11 de septiembre) bien podría haber sido nuestra, en las fronteras amazónicas. Asimismo, tiendo a decir que no debemos estar tan seguros respecto a una unidad antropológica subyacente a la expresión América Latina; que tanto la posición de Brasil hacia la paz como la política externa brasileña se configuran, hoy por hoy, de forma cada vez más clara y positiva; que la lucha por la paz, si bien fundamental, no es suficiente –es preciso contestar a la imposición de un sistema económico libre de controles sociales–; que el poder de los EEUU es hoy en día un poder de carácter imperial; que el etnocentrismo y la violencia siempre fueron un *trade mark* del imperio norteamericano y, finalmente, que es preciso superar la fantasía conformista de que no podemos hacer nada al respecto. Escritores, artistas e intelectuales, dejando de lado la apatía, la incredulidad y la alineación posmoderna con todos sus raciocinios delirantes, pueden desempeñar un papel fundamental en la tentativa de superación, a largo plazo, del modelo yanqui de civilización. Ahora bien, vamos a avanzar por partes y de modo necesariamente discontinuo, simplificador y fragmentario.

La preocupación de los militares brasileños por una guerra en la Amazonia es un hecho –y un hecho que, en mi opinión, no debe ser menospreciado en modo alguno–. Los textos y pretextos para el desencadenamiento de una acción militar en la región podrían hallarse tanto en la radicalización de la crisis colombiana como en un proyecto cualquiera de «internacionalización» de las riquezas amazónicas, en función de un supuesto beneficio a la humanidad. A ello debe agregarse que allí las fronteras, si bien están delimitadas, son en la práctica volubles, fluidas y en muchos puntos oscuras y casi desiertas, sin marcos intermediarios. Nótese de paso que cuando el ex presidente Ernesto Geisel criticó la demarcación de la reserva indígena yanomami, lo hizo no porque tuviera un prejuicio contra los indios o porque estuviese en contra de la acotación de un territorio indígena, sino especialmente por otros dos motivos: su extensión («una exageración demagógica») y su localización en una zona inestable («indeterminada e imprecisa») de frontera.

De hecho, los analistas brasileños aseguran que esa guerra amazónica llegó incluso a esbozarse recientemente, tropezando con factores como la negativa de nuestros militares a protagonizar una intervención en Colombia o el escándalo del ex presidente Fujimori, que acabó movilizando al Perú en otra dirección. Puede ser una fantasía o puede no serlo, pero de cualquier modo se trata de una posibilidad no descartable, basada en documentos de las fuerzas armadas brasileñas y que incluso ya llegó a nuestra creación literaria más reciente, como puede verse en la novela *Aquele sol negro azulado*, de João Santana, donde los mitos y sueños brasileños crecen en una desconcertante profusión barroco-tropical de extracción glauberiana.

Es verdad que en nuestra coyuntura actual de guerra global, que se extiende desde el Medio Oriente hasta tierras coreanas, el Brasil avanza con paso firme en defensa de la legalidad y la paz. Pero no es ésa la posición de países como Costa Rica, Honduras o Nicaragua, por citar algunos ejemplos. Y mucho menos será la de Argentina (escribo a finales de abril, poco antes del desenlace de las elecciones presidenciales porteñas), si un político sospechoso, irresponsable y ambicioso como Carlos Menem volviese al poder, derrotando a Néstor Kirchner. En caso de que esto ocurra, lo más probable es que Menem se ponga enteramente a merced de las garras del águila norteamericana, procurando aislar al Brasil del resto del continente. Tampoco es improbable que en la atmósfera internacional creada a partir de los atentados del 11 de septiembre en Nueva York y Washington, los EEUU intenten crear serias confusiones por aquí, en el área de la llamada Triple Frontera, compartida por Brasil, Argentina y Paraguay –el simple hecho de que Osama Bin Laden haya pasado por allí hace años demuestra que no sería difícil elaborar coartadas para tal efecto–. El ataque terrorista a las Torres Gemelas y el Pentágono puso de manifiesto a nivel mundial la intolerancia de los EEUU, la indisposición esencial del poder norteamericano frente a la alteridad árabe. Asimismo, los espacios de convivencia interétnica e intercultural que el Brasil ha desarrollado a lo largo de su historia, propiciando de esta forma que judíos y árabes se encontrasen aquí sin prevención alguna, acabaron por convertirse una vez más en algo extremadamente incómodo para el discurso ideológico imperante en los EEUU. Por otro lado, nuestro alto grado de mestizaje afrolusitano y sincretismo simbólico provoca, aún en nuestros días, que el discurso político-académico de los norteamericanos se vea obligado a realizar un esfuerzo extremo, hasta el punto de que sus instituciones financian profesores universitarios brasileños encargados de probar que «el racismo a la brasileña» es más perverso que el racismo yanqui, a pesar de que nunca incluimos en nuestra vida social la prohibición de matrimonios interraciales, los linchamientos, el Ku Klux Klan o baños para negros y baños para blancos. Por último, desde el punto de vista de los señores del mundo, el Brasil no puede convertirse en un ejemplo para ser contrapuesto a la potencia imperial del Atlántico Norte. Por tanto habrá que sembrar la discordia también por estos lados, quién sabe si basados incluso en atentados que enciendan algunos odios potenciales.

¿Paranoia? No lo sé. Pero a veces la paranoia puede no ser mala consejera. Además, las acciones de la CIA en los más diversos lugares del mundo se pueden caracterizar por todo menos por sus escrúpulos de orden moral. Y lo más probable, pienso a veces, es que esa guerra que hoy vemos en el Medio Oriente tenía que acontecer de cualquier modo, por motivos económicos y políticos, claro está, que van desde la ocupación de las regiones petrolíferas hasta una reordenación del universo del poder en el Medio Oriente, donde la situación de Arabia Saudita parece preocupar mucho más a la superpotencia que el conflicto entre palestinos y judíos en la Franja de Gaza. Pero eso no es todo. La guerra también tenía que ocurrir, creo yo, porque las tecnologías (sean o no bélicas) no se desarrollan para quedarse guardadas en los cajones, bases o laboratorios. Se crean y se desarrollan para probarse, en un principio, dentro de ambientes simulados y posteriormente en escenarios reales. Y desde siempre ha sido así. ¿O acaso alguien cree posible que, por ejemplo, un Santos Dumont (el primer ser humano en volar en una máquina más pesada que el aire) pilotara su 14-Bis para después guardarlo como un secreto sólo para sí mismo? El exhibicionismo mediático de la tecnología bélica norteamericana en los días que antecedieron al ataque sobre el Irak de Sadam Hussein lo dice todo. Y en caso de que la guerra se materializara por aquí a sangre y fuego, bien en una embestida frontal en función de la guerrilla colombiana, de alguna revuelta desastrosa de Hugo Chávez, del narcotráfico (que hoy en día genera a nivel mundial cerca de 400 billones de dólares al año) o bien de las riquezas naturales de la región amazónica, tengo para mí que «América Latina», dada la coyuntura por la que atravesamos, no estaría dispuesta a reaccionar en bloque, conjunta y articuladamente, contra las pretensiones del imperialismo norteamericano. Y lo que es peor: a muchos de nosotros eso parece no incomodarnos, olvidando (por toda clase de motivos, casi siempre inconfesables en público) la célebre frase de Haya de la Torre, cuando éste dijo que «el panamericanismo es el pan que comen los [norte]americanos».

Y aquí paso a otro punto de mis preocupaciones. Se habló mucho recientemente, a partir de la implantación del Mercosur, de la necesidad de planear y ejecutar políticas de integración cultural en nuestro medio. Encuentros y más encuentros se sucedieron en busca de articulaciones e instrumentos para ejecutarlas. Pero a decir verdad fue muy poco lo que se consiguió en ese sentido. Más allá del problema de la «voluntad política» de nuestros gobernantes, que en dicho caso no fue tan vigorosa como pudiera pensarse, me parece que hay un equívoco común en ese interminable rol de conversaciones y discusiones. Dicho equívoco consiste en sobreestimar nuestra «latinidad» como lazo íntimo y profundo que sería capaz de reunirnos, de modo integral y prácticamente inmediato, a la primera señal o llamada. Pienso que por ese camino no iremos muy lejos. Y el problema, en mi modesta opinión, es que eso que llamamos «Nuestra América» es en parte realidad y en parte una ficción.

Está claro que presentamos nítidos y firmes rasgos de identidad comunes que extienden sus raíces en dirección a la Península Ibérica y al Lazio. Pero también es cierto que nos hallamos lejos, muy lejos, de ser un solo pueblo, incluso de manera aproximada. Y tanto más lejos estamos de ser una sola cultura por cuenta de cualquier truco o magia nominalista. La propia expresión «latina», cuando se utiliza para caracterizarnos globalmente, merece ser matizada de manera seria e inmediata. En realidad, la mayoría de veces su empleo no pasa de ser un hábito automatizado o, como dirían los lingüistas, un «sintagma cristalizado».

Me viene a la memoria, a propósito del tema, que en uno de los ensayos incluido en *Crisis of the Republic*, Hannah Arendt, mediante una argumentación clara y convincente, consideró irreal la expresión «Tercer Mundo», popularizada a partir de la Conferencia de Bandung, celebrada en la Indonesia de Sukarno. Para ella dar cabida intelectualmente a la idea de una unidad tercermundista (para la cual Sartre compuso una consigna especial: «Pueblos de los países subdesarrollados, uníos») significaba «repetir las peores ilusiones de Marx en una escala mucho más amplia y bastante menos justificada». El Tercer Mundo, por tanto, no sería una realidad, sino una ideología. Y una ideología en la que, paradójicamente, la «nueva izquierda» partiría adoptando la óptica de los países ricos, esto es, promoviendo una nivelación típica de la mentalidad colonizadora, imperialista. Algún tiempo después, entrevistada por el escritor alemán Adelbert Reif, Arendt retomó el tema:

> África, Asia, América del Sur, son realidades. Si usted compara estas regiones con Europa y los EEUU podrá decir, aunque solamente desde esta perspectiva, que son subdesarrolladas, afirmando con eso que ese es el denominador común crucial entre esos países. Con todo, usted estaría menospreciando innumerables cosas que esos lugares no tienen en común [...] hay un engaño lógico allí. Intente decirle a un chino algún día que él pertenece al mismo mundo que un salvaje bantú africano y, créame, se llevará una buena sorpresa.

Por ese camino, *mutatis mutandis*, estamos también en pleno derecho de desconfiar al menos de la expresión «América

Latina». No es que no seamos «latinos». Lo somos, sí. Pero la verdad es que no somos *solamente* latinos. Si la Virgen María es el rasgo latino, ella aparecerá asociada a Yemanyá en Bahía y en Cuba (en la figura de la Virgen de la Regla, patrona del puerto de La Habana), y en México la situación será otra en torno a la virgen india de Guadalupe: «Guadalupe-Tonantzin, como la llaman todavía algunos peregrinantes indios», nos recuerda Octavio Paz. En otros momentos el rasgo latino es secundario, como en algunas de nuestras fiestas carnavalescas, con sus desfiles de escuelas de samba y afoxés. E incluso puede llegar a desaparecer por completo, como en el *axexê* (conjunto de rituales fúnebres) de una *ialorixá*, la alta sacerdotisa de los templos del candombé. Ahora bien, fueron los franceses quienes empezaron a hablar en el siglo XIX de «pueblos latinoamericanos». El rótulo fue combatido por españoles y norteamericanos, en nombre de «la hispanidad» y del «panamericanismo», respectivamente. Sin embargo, el término triunfó de modo espectacular en los *mass media* y con ello se fueron archivando en Europa y en todo el mundo expresiones como América Meridional, América del Sur o América Austral. Pero me parece evidente que adoptar la designación de «América Latina» sin mayores reservas implica admitir un concepto especialmente reductor. Implica simplificar la alta complejidad antropológica de las Américas. En últimas, ¿qué hay del Perú, por ejemplo? ¿Por qué atropellar o intentar apagar, entre otras, las realidades culturales de Bahía y de la Amazonia, el bilingüismo paraguayo, la cultura maya-quiché? Las especificidades de los procesos históricos, étnicos y culturales que nos formaron, acabaron por generar entre nosotros diferencias evidentes, que no deben ser menospreciadas. En aspectos fundamentales de su cultura, Brasil se encuentra más próximo a Cuba, a Nigeria y a Dahomey que, por ejemplo, a Chile, Ecuador, Uruguay, Argentina o México.

El Brasil histórico tiene su inicio en la ruptura del aislamiento oceánico en que vivían nuestros antepasados indígenas, con la travesía atlántica de las naves lusitanas, con los conquistadores y los colonos portugueses que descubrieron a plena luz del sol el seminomadismo y la antropofagia de los tupinambas, y que trajeron a nuestras costas un aluvión de africanos esclavizados, a bordo de los navíos negreros que tanto hirieran la sensibilidad poética de Heine. Ese Brasil nace, por tanto, en los albores del proceso de occidentalización del mundo. Es una colonia portuguesa, como lo es México de España, pero con una diferencia esencial que podemos señalar recorriendo cautelosamente la tipología de los pueblos de las Américas, propuesta por Darcy Ribeiro en *As Américas e a Civilizaçao*. En ese esquema, Darcy distingue entre el «pueblo testimonio» y el «pueblo nuevo». Un «pueblo testimonio» está formado por «representantes modernos de viejas civilizaciones autónomas sobre las cuales se abatió la colonización europea». Y «nuevos» son los «pueblos americanos plasmados en los últimos siglos como un subproducto de la expansión europea, por la fusión y la aculturación de matrices indígenas, negras y europeas». Pueblos testimonio son las poblaciones mexicanas, mesoamericanas y andinas que descienden de las civilizaciones azteca, maya e incaica, subyugadas traumáticamente por la conquista española. Pueblo nuevo es el brasileño. A pesar de que no comparto la argumentación general de Darcy, con su evolucionismo de base marxista y sus simplificaciones forzadas, creo que en lo fundamental no se equivoca. Contemplando la realidad mexicana veo un pueblo testimonio; al pensar en el Brasil, un pueblo nuevo. Ninguna Tenochtitlan marcaba el paisaje brasileño. Lo que tuvimos aquí, desde la aldea eurotupinamba del náufrago Diogo Caramuru hasta la llegada de los africanos, fue la configuración de una nueva realidad socioantropológica. Y no es gratuito que antes haya mencionado a los negros. Si lo que construimos aquí fue una sociedad estructuralmente europea, si aparecemos frente al mundo como un pueblo esencialmente neolatino, tampoco dejamos de ser, en aspectos muy relevantes, un pueblo neoafricano. Reconocer esas diferencias, antes que sobreestimar la latinidad, es importante para pensarnos a nivel continental y para que de hecho sepamos imaginar políticas convergentes de intervención creativa en el mundo.

Hoy en día, la política exterior de Brasil está definida por la defensa de la paz, por el estímulo de la diversidad cultural (que tendrá que pasar necesariamente por la superación del discurso mítico-homogeneizador creado por los embajadores y los ministros del Mercosur, con el fin de que podamos encontrarnos sin hacer caso omiso de nuestras particularidades) y por la tentativa de reposicionamiento del país en el sistema de las relaciones internacionales, cuyo escenario futuro es incierto después de que los EEUU rompieran las reglas del juego para atacar Irak. En ese sentido, lo que deseamos es reforzar los nexos y las conexiones interamericanas no menos que nuestros vínculos con el África Negra, además de procurar una ampliación de nuestras relaciones con la Unión Europea y con las potencias regionales como Rusia y China. En el caso de Centro y Sudamérica tenemos que estar preparados para hacer frente al desafío del ALCA, impidiendo que en lugar de un medio real de integración el tratado se convierta, como quieren los EEUU, en un poderoso instrumento de anexión económica bajo la figura falaz y hasta ahora ficticia del «libre comercio». Aún más, tenemos que estar preparados para afirmar mundialmente nuestras diferencias en el campo de una visión estratégica de la cultura, en términos nacionales e internacionales, ya sea para contraponernos críticamente al modelo norteamericano de civilización o para ofrecer simultáneamente al mundo nuestras propias alternativas de ser, de hacer, de sentir, de crear y de pensar. Pero también tenemos que intentar unirnos en torno a la paz (lo que sucede en Argentina afecta al Brasil, lo que sucede en Brasil afecta a Chile, a México y así sucesivamente. Y esto es obvio, de modo que no veo cómo no preocuparme por las aceitunas que van a rellenar la empanada de mi vecino).

No sólo debemos preocuparnos por la guerra que estalló en Irak y amenaza a Irán y Siria, por la guerra entre palestinos y judíos o las tensiones bélicas en Asia –con la prolongación más grave que apunta, a mediano o largo plazo, a una confrontación entre los EEUU y China con consecuencias absolutamente imprevisibles–, sino también porque, como ya dije, la guerra puede explotar de repente y de forma sanguinaria en nuestro propio territorio.

Creo que el gran problema de los EEUU –un imperio que parece estar experimentando, paradójica y simultáneamente, tanto su apogeo como su declive– no viene de hoy: es el resultado de la fusión o la yuxtaposición entre el etnocentrismo y el imperialismo, en un país armado hasta la médula. Es la mezcla entre el poder comercial y el poder militar, de Roma a Venecia, en las manos de un pueblo que se considera propietario de la verdad única y del sentido histórico último de la humanidad en la superficie del globo terrestre. En una conferencia celebrada en São Paulo, combatiendo la moda contemporánea del «relativismo cultural», Ernest Gellner señaló algunas cosas importantes: distinguió varios factores de refuerzo actual del relativismo, además de encajarlos en una atmósfera general de fin de milenio. Entre dichos factores estarían la expiación de la culpa colonial y una disposición antiabsolutista, surgida en el panorama norteamericano en respuesta a una circunstancia histórica específica. El análisis es convincente. Los EEUU siempre han tendido a hacer de su cultura algo absoluto. No obstante, al asumir el liderazgo mundial se vieron obligados a meditar sobre los más variados tipos de sociedades y culturas. Hubo entonces un choque entre la tradición absolutizante y la multiplicidad concreta del mundo, manifiesta por ejemplo en la presencia del ideograma chino en la poesía moderna norteamericana, con Ezra Pound alimentándose de las reflexiones asiáticas de Fenollosa y textos *beats* como los de Burroughs y Ginsberg sobre el yagé amazónico. Con todo eso los norteamericanos se embriagaron de diversidad, mostrándose excepcionalmente receptivos hacia el relativismo hermenéutico.

Pero lo cierto es que en aquella lectura de Gellner lo que vemos es apenas una verdad a medias. Por un lado, no podemos olvidar que la antropología norteamericana se inclinó hacia el estudio del «carácter nacional» de otros pueblos en el contexto de la segunda Guerra Mundial, cuando algunas de sus principales estrellas como Margaret Mead, Gregory Bateson o Ruth Benedict trabajaron en la Oficina de Información de Guerra. Se trataba de entender el «carácter nacional» nipón, por ejemplo, para derrotar más fácilmente al Japón. Y en ese entonces la superioridad moral yanqui sobre todo el planeta jamás se puso en duda. Por otra parte, las afirmaciones de Gellner sólo encuentran correspondencia fáctica en medios intelectuales izquierdistas o escépticos. El poder norteamericano no quiere oír hablar de diversidad cultural, por poner un caso, en los foros internacionales que discuten la materia. Lo que quieren es que los bienes y servicios de la cultura sean tratados como se trata cualquier mercancía, lo cual exige mercados enteramente abiertos para los altos lucros financieros e ideológicos de su poderosa industria audiovisual. O sea, el lugar de la cultura está en la misma Organización Mundial del Comercio, bajo el signo explícito y total de la ley del mercado que, como alegaba Pierre Bourdieu, es siempre la ley del más fuerte. Y la preservación de la diversidad cultural que se vaya al traste. En lugar de *vóduns* y *samuráis*, dólares. Cultura significa industria del entretenimiento, hoy por hoy uno de los sectores más dinámicos en la economía mundial y punto final. Quien reparte las cartas, está claro, son los EEUU –tanto en ésta como en otras instancias–. Recuérdese el discurso de Bush para justificar las bombas y los misiles arrojados contra Irak. El presidente norteamericano no tuvo el menor pudor al insistir que se trataba de una guerra de liberación, llevada a cabo por los salvaguardas de los ideales universales más sublimes, por un pueblo que no elude cumplir con su destino de árbitro y señor de los verdaderos caminos que la humanidad está obligada a transitar. Y no vale de nada contraargumentar, decir que el modelo norteamericano no fue establecido por decreto divino: los dueños de la verdad no tienen nada que aprender y creen que nacieron para hacernos un gran favor: transformar a la humanidad en un rebaño sumiso, esquilado a su imagen y semejanza.

Frente a una ferocidad etnocéntrica semejante, escritores, artistas e intelectuales (todos mezclados finalmente, pues ésta es la determinación que predomina en la entrada al nuevo milenio) harían bien en entrar en juego, asumiendo una postura activa y altiva, en lugar de entregarse al nihilismo, al relativismo anémico y promiscuo, a la desistencia posmoderna. Lo que está en cuestión, como bien dice Pierre Bourdieu, es «producir y diseminar instrumentos de defensa contra la dominación simbólica». ¿Y de quién proviene esa «dominación simbólica»? De los EEUU, claro está. Por eso mismo, en este momento no debemos cejar en el empeño de proyectar nuestros *punti luminosi*, nuestros puntos de luz, en el horizonte público, contribuyendo a darle su justo valor a nuestras islas, a esclarecer las artimañas, a anunciar posiciones, denunciar imposiciones, determinar las zonas claras, señalizar las hogueras, iluminar las rutas, aclarar los caminos. No debemos cejar en nuestro empeño, insisto, de ayudar a crear espacios alternativos para otros y nuevos discursos; de realizar intervenciones a contracorriente, intervenciones críticas y creativas, en el movimiento real de la vida. En el tejido vivo de lo real histórico. Y cuando digo *nosotros*, no me estoy escondiendo tras un truco supuestamente neutro, ni me estoy camuflando bajo el velo retórico de la primera persona del plural. No. Al decir *nosotros* estoy eligiendo y asumiendo una posición de manera firme y enfática. Porque, siguiendo a Pierre Bourdieu, sé que no se trata de aguardar al advenimiento de un gran maestro pensador que nos suministre alimentos para pensar, que nos entregue las claves de nuestros dilemas y enigmas, que nos indique el camino correcto en medio de la encrucijada, que nos dé, en fin, lecciones de porte y postura. Por el contrario, *nosotros* significa, antes que nada, como señala el Bourdieu de *La Misère du Monde*, la entrada en escena del «intelectual colectivo», comprometido consigo mismo y con su pueblo, un intelectual que actúa *en plein air*, al aire libre, en el sentido de ayudar a crear «las condiciones sociales objetivas para la producción colectiva de utopías realistas».

Pero esto sólo se llevará a cabo cuando sepamos cómo superar dos realidades semieruditas que viven atrincheradas en sus propias, digámoslo así, «formas de producción»: por un lado, la «meritocracia» (corrupta e intelectualmente corruptora) de la burocracia universitaria; por otro, como ya dije, el ambiente posmoderno de los tediosos entendidos, aquéllos que arrojan la toalla en cuanto se enteran de la existencia del cuadrilátero. Desde hace mucho nuestros profesores universitarios fabrican artificios contestatarios «de izquierda» –siempre y cuando la polémica que buscan emblematizar no implique un desbarajuste en sus cátedras y departamentos–. Criado como lo fui en el tropicalismo y la contracultura, no puedo tomar en serio a esos maestros que se venden en los bazares de las fundaciones yanquis, profesores que se especializan en siglos ya pasados y para los cuales la mala llegada del siglo veintiuno ha significado la renuncia al debate público, favoreciendo los requisitos y oficios burocráticos intramuros. Gente que perdió el dominio de la lengua, que vive concentrada en el ejercicio de su *petit pouvoir*. «Para ser más exactos: el ambiente, los hábitos y el lenguaje de los intelectuales sufrieron grandes transformaciones en los últimos cincuenta años. Los más jóvenes no necesitan o desean un público más amplio: casi todos se dedican únicamente a ser profesores. Los campus son sus dominios; los colegas, su audiencia; las monografías y los periódicos especializados, su medio de comunicación. De manera opuesta a los intelectuales del pasado, se sitúan dentro de especialidades y disciplinas, aunque por una buena razón: sus empleos, carreras y salarios dependen del aval de los especialistas y dicha dependencia afecta tanto a las cuestiones que surgen como al lenguaje empleado», escribió Russell Jacoby en *The Last Intellectuals. American Culture in the Age of Academy*, queriendo decir que la rutina académica había sustituido por un burócrata semiletrado –pendiente sólo de las disputas internas de su departamento académico– al intelectual que con toda claridad lidiaba con temas que circulaban por el espacio público, en ensayos dirigidos a la comunidad general de los lectores. Se dio así una cerrazón, una clausura. Se dejaron de lado las grandes cuestiones públicas y lo que pasó a interesar a los burócratas de la academia (lo cual, en últimas, es un pleonasmo) fueron las tesis y los requisitos internos, basados en elucubraciones ininteligibles. Y como si no bastara con esa cháchara ensimismada, la academia vino a decirnos que sólo los discursos sacralizados por ella tenían el sello de garantía epistemológica de una reflexión autorizada. ¡Cuánta arrogancia! Y lo que me pregunto cada vez más no es sólo cuándo nuestros académicos tendrán la vergüenza suficiente para dejar de lado su autoritarismo, sino cuándo se dispondrán a encarar la intensidad práctico-teórica de lo cotidiano.

El otro problema, como dije, está en la simulación posmoderna. Y aquí puedo regresar a Gellner, que en *Postmodernism, Reason and Religion* definió la nueva moda como una «histeria de la subjetividad». Los posmodernos, escribiendo en irrevocable prosa académica, colocaron «la verdad» bajo sospecha, pero lo hicieron para reconocerla en cualquier tipo de discurso, en una tentativa de dinamitar las bases de la razón. No obstante, además de entronizar a la razón, renunciaron a la esperanza. Si ninguna narración histórico-política tiene sentido, es mejor cruzarse de brazos, aunque sin renunciar a las becas, a los salarios y, lo que es más grave, a continuar envenenando a la juventud con discursos sesgados. Se trata de una especie de neoanarquismo catedrático, neoanarquismo profesoral, burocrático, que sólo se despojó de una virtud esencial del viejo y venerable anarquismo occidental: la alegría, la disposición para la acción. Es, pues, un anarquismo triste y desesperanzado, descendiente del radicalismo retórico del filosofismo francés posterior a Sartre y a Merleau-Ponty, dos hombres que por encima de todo buscaron caminos para sus contemporáneos. Ahora, si ya no hay lugar en la academia para la política, la razón y la esperanza, es mejor que los posmodernos dejen de lado la pose y pasen a promover torneos de golf o de cricket. En lo que respecta a nosotros, no podemos perder el tiempo con ese tipo de actividades. Por si fuera poco, en un estudio reciente sobre el humanismo americano, Edgar Montiel se declaró convencido «contra la opinión usual de que Nuestra América nunca podrá ser posmoderna», dado que este discurso o corriente interpretativa «pretende expulsar de su incipiente numen el principio de *esperanza*». La esperanza como energía, como impulso vital que también logra mover las aguas de la historia. A ello hay que añadir lo que dice Montiel en *El humanismo americano*: «La sed de Felicidad acumulada en la memoria colectiva se hizo *realidad* en América, pues ella nació al mundo en pleno Renacimiento como sede del Paraíso, por eso se puede decir que por ósmosis la admisibilidad de la Utopía acabó formando parte de nuestra propia concepción del mundo, porque fuimos la *prueba* de una visión (y versión) que la Humanidad se formó de ella misma».

Lo que está en juego a largo plazo y en última instancia es la superación del modelo norteamericano de civilización. De un proceso civilizador que, con todas sus conquistas (especialmente en el campo del avance democrático y de la defensa de los derechos individuales y civiles), situó al *homo faber* en la cúspide, como la meta deseada y a ser alcanzada por toda la humanidad. Personalmente, confieso que no me siento impelido a transitar por ese mismo camino por ninguna razón de peso. En tal caso, soy latino y soy africano —nada tengo que ver con los nórdicos y sus obsesiones tecnológicas—. Tengo que ver con el mestizaje, el sincretismo, la mezcla, las fusiones y confusiones, el carnaval, la samba, la rumba, la tolerancia, la ciencia de la paciencia y el horizonte de la esperanza. Tengo que ver con el *homo sapiens*. La Grecia Clásica no puede ser vista como un complejo cultural que haya desarrollado algún tipo de culto exacerbado a la tecnología. Piénsese incluso en el ejemplo extremo de Epicuro, visto muchas veces como la encarnación pionera del «espíritu científico». Lo que Epicuro buscaba era una vida tranquila, no el dominio de la naturaleza. Él nunca se interesó por las técnicas, despreciaba la matemática y veía en la persecución de la riqueza y el poder una inversión perversa de la energía humana. Y lo dicho sobre Grecia se puede aplicar al mundo romano. De Grecia a Roma lo que observamos es un período histórico marcado por creaciones culturales y políticas. Desde el punto de vista de la historia tecnológica de la humanidad, la civilización grecorromana no presenta nada de espectacular. Nada de máquinas y más máquinas. Por lo tanto, lamento informar que el extremo énfasis contemporáneo en la *tekhné* es completamente extraño a la mentalidad griega. Serían los pueblos nórdicos los que harían del avance técnico un objetivo supremo, los encargados de anteponer el *faber* al *sapiens*.

Con esto no quiero rechazar internet, las comunicaciones por satélite, las empresas intergalácticas o la cirugía con láser. Todo lo contrario. No llevo conmigo la postrada visión europea del «malestar en la civilización». Tan sólo quiero mirar su cara y decir que un cuerpo no puede ser solamente una máquina de cuantificaciones de laboratorio; que un cuerpo puede estar técnicamente sano y sin embargo seguir enfermo. Sanar y curar no son la misma cosa, puesto que existe el alma, el espíritu, la alteridad interna que desconcertó a Descartes. Tenemos que ser técnicos y democráticos, es cierto, pero también tenemos lo que hace falta para superar ese límite. Tenemos cómo sacar adelante nuestra riqueza anímica, rítmica, cromática, lingüística, terapéutica, onírica, culinaria, ornamental y sexual. Tenemos cómo redirigir las políticas, las razones y las tecnologías. Tenemos cómo llenar de sentido nuestro *know-how* de relaciones interpersonales; cómo aprender a oír el silencio sin jaulas en el bosque, oír la lluvia, el aguacero y el chaparrón; cómo hablar y callar, tocar otros tambores cuando la noche cae en el planeta, hacer que los blancos se vuelvan negros. Tenemos cómo encapricharnos con los meneos mulatos, cómo relajar litorales, cómo contemplar encantados, cómo esperar el brillo azul en el lodo de las excavaciones, cómo creer en la alegría de los guetos, cómo reconocer el momento justo para hablar con una sonrisa, cómo estar y no estar. Cómo señalar nuevos caminos, cómo recorrerlos. Éste es el viaje que me interesa, que merece todo mi respeto. Pero para superar el modelo norteamericano de civilización es necesario, obviamente, preservar la biosfera. Y dentro de ella, vale decir, la *semiodiversidad*, nuestras innumerables formas de vida simbólica.

La cuestión de la diversidad cultural debe ser apreciada en ese horizonte. En medio del rol de problemas planetarios como el azote de la pobreza y las bombas de la guerra que calcinan el cuerpo del mundo, destacaremos tres grandes cuestiones. Preservar lo humano es una de ellas. Preservar la biosfera es otra. Pero, además de la biodiversidad, como ya dije, tenemos que preservar también la *semiodiversidad*. Pues es precisamente esa semiodiversidad, la existencia neobabélica, la que amplía el círculo de preguntas y respuestas posibles, cosa fundamental en esta etapa de la aventura humana en la tierra. Vivimos en un momento en que, en lugar de aceptar el terrorismo de la verdad única, es mejor recordar al viejo Helvetius cuando dijo que lo que cada pueblo juzga como la sabiduría no es más que la locura que le es peculiar. No obstante, al recitar la declaración helveciana no pretendo defender que las metas y los significados se hayan evaporado. Ya dije que no puedo aceptar el «relativismo permisivo», ni archivar mi espíritu crítico. Diálogo de culturas significa para mí enriquecimiento dialéctico, nunca complacencia frente a un sinnúmero de «verdades» que para ser ciertas no les basta más que existir. La preservación de la semiodiversidad nos interesa en la medida en que resulta fundamental para la preservación de nosotros mismos y para hallar otros caminos, atajos y senderos útiles a la humanidad.

Sin embargo, en contra de muchos de nuestros artistas e intelectuales, no logro pensar la defensa de la diversidad cultural, la lucha por el respeto a la diferencia, como algo aislado o que se basta a sí mismo. Está claro que el movimiento por la diversidad es de una importancia suma, incluso fundamental, pero no conducirá a ninguna parte si no es imaginado, pensado y objetivamente dimensionado en el contexto de la realidad económica actual del mundo. Porque lo que tenemos hoy es un sistema económico que se juzga por encima de todo, incluso de Dios y del Diablo. Un sistema que se pretende planetario, funcionando en el vacío, sin ningún tipo de vínculos concretos con el mundo. Y lo que dicho sistema ha producido en los últimos años es un aumento de las desigualdades entre los países, una expansión de la masa de los así llamados «excluidos» dentro de cada nación. En el Brasil, hoy en día, casi la mitad de la población está formada por «excluidos». Y por eso mismo podemos decir que la conclusión de nuestro proceso de construcción nacional es una tarea pendiente, ya que un país que cuenta con tantos «excluidos» no es enteramente una nación. Pero si el actual sistema económico mundial persiste, guiado tan sólo por su lógica interna y sin ninguna clase de control social, las desigualdades continuarán creciendo y las diferencias culturales serán masacradas. Tenemos, por tanto, que denunciar ese sistema que se quiere en sí y para sí e intentar avanzar en dos frentes, pues, como dijo Alain Touraine recientemente en un programa de la televisión brasileña, será preciso avanzar hacia una combinación: diversidad en la cultura, igualdad en la participación económica. Para que esto llegue a ser realidad un día, tenemos que combatir la hegemonía militar y económica de los EEUU, que es hoy en día total y asfixiante. La ideología neoliberal, la ideología de la globalización quiere hacernos creer que no hay nada más por hacer, que el destino de la humanidad está sellado. Y esto es fundamentalmente falso.

Finalmente lo que está en juego es imaginar y proponer la posibilidad de creación de un mundo nuevo –o de mundos nuevos– y no renunciar a navegar en las aguas centelleantes de la dimensión utópica. En un libro más reciente, *The End of Utopia*, el ya citado Russell Jacoby escribió: «Empleo el adjetivo *utópico* en su sentido más amplio y menos amenazador: la creencia de que el futuro puede superar fundamentalmente al presente. Me refiero a la idea de que la textura del porvenir de nuestra vida, del trabajo e incluso del amor pueda parecerse muy poco a lo que hoy nos resulta familiar. Tengo en mente la noción de que la historia contiene posibilidades de libertad y de placer aún inexploradas». Adoptemos, pues, como lema la bella frase de Oscar Wilde: «Un mapamundi que no incluye la utopía no merece ser mirado ni siquiera de soslayo».

6. LA GUERRA QUE ESPERA SU TURNO

Alejandro Moreano

Poco después del derrumbe de la URSS y del fin de la primera Guerra del Golfo, círculos dirigentes estadunidenses consideraban que su país, en el cenit del esplendor imperial, debía emprender una magna obra, a la manera de la Gran Muralla en la era del *milenio chino*, que anunciara el *milenio norteamericano*. Sociedad abierta al fin, a EEUU le correspondía abrirse al cosmos y la colonización de Marte sería su obra suprema.[1]

Doce años después, Norteamérica ha reducido su ambición a sólo colonizar la Tierra. La invasión a Irak fue la consumación de un *golpe de Estado*[2] a escala de todo el planeta. El *cuarto Reich*, según la denominación de Ignacio Ramonet, tenía listo el ejército, la voluntad y el discurso.[3]

1. Bush, padre, asignó una partida de 400 millones de dólares para los estudios iniciales. **2.** La invasión estaba prevista desde antes del 11 de septiembre. En septiembre de 2000, según el periódico escocés *Sunday Herald*, se terminó de elaborar un documento, que debía guiar la política del eventual gobierno de Bush, denominado «Proyecto para el nuevo siglo norteamericano». Entre los redactores se contaban Richard Cheney, Donald Rumsfeld, Jeff Bush y Richard Perle, actual jefe del gabinete político del Pentágono. En uno de sus párrafos significativos se señala: «Estados Unidos ha buscado durante décadas jugar un papel más permanente [*sic*] en la seguridad regional del Golfo. En tanto que el conflicto pendiente con Irak ofrece la justificación inmediata, la necesidad de la presencia de una fuerza norteamericana sustancial en el Golfo trasciende el asunto del régimen de Sadam Hussein». **3.** Oigamos a Martin Silverstein, director del diario *La República* de Uruguay: «¿Cuáles son los autores de cabecera de esta pandilla belicista? El bostoniano Henry Cabot Lodge, afirmando que "en el siglo XIX ningún pueblo igualó nuestras conquistas, nuestra colonización y nuestra expansión, y ahora nada nos detendrá" [...]. O Charles Krauthammer, quien hace muy poco, en 1999, escribió en el *Washington Post,* que "EEUU cabalga por el mundo como un coloso. Desde que Roma destruyó Cartago ninguna otra gran potencia ha alcanzado las cimas a las que hemos llegado. EEUU ha ganado la guerra fría, se ha puesto a Polonia y a la República Checa en el bolsillo y después ha pulverizado a Serbia y Afganistán. Y de paso ha demostrado la inexistencia de Europa" [...].

Parodia de los trabajos de Hércules o crónica de las aventuras de Rambo, la cruzada perpetua de Bush, a través de los medios, ha devenido una película de *suspense* en que el misterio no proviene de la duda sobre quién será el vencedor sino cuál –¿Siria, Irán, Corea del Norte, Cuba o Colombia?– será el objetivo siguiente. En el milenio americano hay tiempo para todos.

El Plan Colombia lleva cuatro años. ¿Crónica de una guerra anunciada? ¿O *conflicto de baja intensidad* de una inacabable conflagración que se mueve en escenarios simultáneos?

La invasión de Irak, un *coup d'etat* planetario

La absoluta visibilidad de Dios

Denominada «fuerza arrolladora» (*overwhelming force*) y nueva y original estrategia, la conquista de Irak no fue sino la clásica *blitzkrieg*[4] alemana. La utilización, desde el comienzo, de las operaciones por tierra a cargo de una fuerza rápida y no muy numerosa, ha aparecido como el aspecto singular de la operación, un triunfo de Russenfeld y una derrota de Collin Powell. Empero, la combinación de ofensiva aérea e incursión terrestre fue la característica central de la antigua *blitzkrieg*, con la peculiaridad de que, en su variante norteamericana, la aviación tuvo una intervención mucho más acusada,[5] inclusive

O el conocido historiador Paul Kennedy, explicando que "ni la Pax Británica, ni la Francia napoleónica, ni la España de Felipe II, ni el Imperio de Carlomagno, ni siquiera el Imperio romano pueden compararse al actual dominio norteamericano. Nunca ha existido una tal disparidad de poder en el sistema mundial" [...]. O el inefable Zbigniew Brzezinski, declarando que "el objetivo de EEUU debe ser el de mantener a nuestros vasallos en un estado de dependencia, garantizar la docilidad y la protección de nuestros súbditos y prevenir la unificación de los bárbaros"». **4.** *Blitzkrieg* (en alemán, guerra relámpago), estrategia militar ideada por el general Fritz Erich von Manstein, consistió en el avance rápido de unidades blindadas, apoyadas en la infantería, y un intenso bombardeo de la aviación que destruía las comunicaciones, las fuerzas aéreas y las principales instalaciones industriales, en un movimiento de pinza que envolvía al enemigo en muy poco tiempo. La *blitzkrieg* tampoco es una invención alemana. La estrategia de Gengis Kan comprendía la utilización de una fuerza muy superior de guerreros jinetes en ataques repentinos hasta arrollar al enemigo. **5.** En el modelo alemán, el avance por tierra tenía un rol de mayor importancia.

en las pocas batallas terrestres, donde las bombas «inteligentes» y los helicópteros Apache jugaron el rol principal. Las tropas por tierra cumplieron sólo la función, precisa y concisa, de ocupar el espacio abandonado por las huestes, derrotadas y exangües, del régimen de Hussein.[6]

En su discurso del 1º de mayo de 2003, en el portaaviones *Lincoln,* Bush declaró que la invasión de Irak fue el mayor acontecimiento bélico de la historia de la humanidad. Bien miradas las cosas, desde el punto de vista de la eficacia, sólo fue una *guerra relámpago* que demoró un tiempo mayor que el empleado por su modelo nazi.[7] La diferencia entre los ejércitos alemán y anglobritánico, e incluso polaco, era muy inferior[8] a la enorme disparidad entre los de Estados Unidos e Irak.[9] Aquellos ideólogos pragmáticos que apuestan a los ganadores y cantan loas a la colosal potencia militar estadunidense no deberían estar muy eufóricos: la *blitzkrieg* alemana fue muy superior y el Tercer Reich sólo duró 10 años.

La *guerra relámpago* es la estrategia de la conquista del mundo. Lleva al absoluto, sobre la base de una ofensiva de progresiva densidad y sin tregua que no deja lugar a la política: el delirio de la forma militar pura. Se trata de un monólogo en el que sólo habla el invasor. El ejército enemigo es rápidamente silenciado y el orbe entero, convertido en un inmenso conjunto fracturado de telespectadores, asiste a una ceremonia sagrada.[10]

En esa ceremonia, EEUU, gracias a la intervención de los medios, demostró que, más allá de la oposición que susciten sus acciones, es una fuerza invencible sin ningún rival posible.

Es ya una verdad de Perogrullo que los medios de comunicación jugaron un papel decisivo en la ocupación de Irak. Mas

---

6. En Afganistán, ese papel fue asumido por la Alianza Norte.   7. Si la toma de Bagdad, Basora, Mosul, Tikrit, duró 27 días, la de Polonia por la *blitzkrieg* alemana duró 17, 18 la de Bélgica, 4 la de Holanda y 12 la de Francia.   8. Cuando comenzó el ataque a los Países Bajos, ambos bandos disponían de similar número de tropas y carros de combate.   9. «Se ha estimado la desproporción de fuerzas en diez mil a uno y algunos expertos calcularon que el ejército iraquí quedó completamente aniquilado por el peso de siete millones de toneladas de bombas lanzadas durante la operación.» Claudio Katz, «El imperialismo en Irak», Online.   10. Los gobiernos de Alemania y Francia y sectores del Partido Laborista, opuestos a la invasión, suspendieron su oposición y guardaron silencio durante los 27 días de la ocupación. La guerra contiene una dimensión sagrada para el capital.

lo *mediático* no se circunscribió a la llamada batalla de la información, subordinada y paralela a la ofensiva bélica.[11] La guerra en su conjunto fue *mediática*. La estrategia —y su *tempo*— no obedeció tanto a principios logísticos cuanto a la lógica espectacular de los *mass media*.[12] Con su habitual sabiduría a lo Forrest Gump,[13] George W. Bush señaló que la «invasión durará lo que debe durar». Y así fue. Al principio era necesario construir la imagen de un triunfo extremadamente rápido —cuatro o cinco días— para tranquilizar a los mercados y obtener el apoyo de la población gringa. Luego fue ineludible la imagen contraria, la de una ofensiva de varios meses para que la rápida toma de Bagdad alcanzara las dimensiones del clímax de una superproducción a lo Spielberg, con efectos especiales y una *gloriosa* imagen final, el derrocamiento de la estatua de Hussein, cubierta momentáneamente por la bandera estadunidense, en el centro de Bagdad.[14]

Para la escena final fue necesario ametrallar un día antes el Hotel Palestina, asesinar a tres periodistas y crear así las mejores condiciones para el reinado indiscutible de la CNN.

11. Se ha hablado de que, paralela a la acción militar de EEUU, se libró una batalla mediática, cuyos antagonistas fueron la televisión norteamericana, encabezada por la CNN, y la árabe, por Al Jazira. **12.** Según algunos periodistas y analistas, durante los primeros días el ejército estadunidense cometió enormes errores, en especial la dilatación de sus líneas que provocó grandes problemas logísticos, compelido por la necesidad de una rápida victoria, cuya imagen televisiva eran los vertiginosos avances de las columnas blindadas por el desierto iraquí. **13.** Forrest Gump es la metáfora de un discurso denotativo sin dimensiones connotativas. La sabiduría de lo obvio en suma. En el imaginario político gringo, la figura de Forrest Gump es una suerte de premonición, temor y fascinación. Recordemos el film *Bienvenido Mr. Chance*, de Hal Ashby, la historia de un jardinero que sólo sabe cuidar el jardín y ver televisión, dotado de un lenguaje exclusivamente denotativo, y cuyas frases literales parecen sentencias sabias. El jardinero llegó a la Presidencia y Bush es una suerte de Forrest Gump II. **14.** La bandera norteamericana fue quitada poco después y sustituida por una irakí. Todo quedó como efecto del exceso eufórico de un soldado. El equívoco fue premeditado: la bandera yanqui para trasmitirla al mundo no árabe, la iraquí para Irak y el mundo árabe. La primera Guerra del Golfo tuvo una escena final similar que copó los informativos televisivos y la primera página de los diarios de todo el mundo: un soldado kuwaití —en el pie de foto de algunos periódicos se decía iraquí— que, arrodillado, besaba una gran bandera norteamericana. EEUU padece el *síndrome de la bandera* que comenzara en Berlín cuando fueron los soviéticos los que colocaron la suya sobre el edificio del Reichstag.

La táctica de empotrar periodistas en los tanques permitió crear la ilusión de una transmisión de la invasión en tiempo real. La figuración de la simultaneidad –pancronismo– fue acompañada por el espejismo de la ubicuidad, gracias al deslizamiento del punto de vista de la cámara que creaba la ilusión de asistir a todas las facetas del conflicto al mismo tiempo. Una suerte de *cubismo* mediático. Tal es el mecanismo usual por el que los *mass media* se convierten en el lugar de lo político, en el escenario de la génesis de la denominada *opinión pública internacional*.

Una ligera variación en la famosa tesis de Clausewitz: la guerra es la continuación de la política por otros medios (los de comunicación colectiva). Mas la lógica mediática es una lógica política. La ocupación de Irak fue una toma del poder a escala planetaria trasmitida por la CNN durante los treinta días que duró, 24 horas diarias, minuto a minuto, segundo a segundo.

Amén de fulgurar la imagen invencible de EEUU, la exhibición mediática tenía por objetivo renovar el viejo ritual de la esclavitud.

Si la modernidad instauró la conciencia dramática sobre la épico-trágica, hizo del combate un *juego*, el enfrentamiento de dos antagonistas libres e iguales que abren un proceso incierto de resultado imprevisto. Lévy-Strauss realizó un sugestivo análisis de las diferencias entre rito y juego, forma ésta que cumple en la sociedad moderna el mismo rol que el rito en la antigua. Si en el juego se enfrentan dos adversarios iguales y el resultado es impredecible, en el rito dos protagonistas desiguales –víctima y victimario– ejecutan un proceso conocido de antemano. El juego es diálogo; el rito es monólogo.

¿Se puede llamar guerras a los bombardeos *post* Muro de Berlín? Luego de una fase en que la confrontación Este-Oeste, en tanto *drama*, llegó al absoluto –la amenaza *trágica* de la destrucción del planeta–, hemos retornado a una suerte de contienda ritual.

Un guión eternamente repetido en el que los unos bombardean y los otros se guarecen.[15] El guión está escrito. O prescrito. En el caso de la conquista de Irak, el triunfo estaba deter-

---

15. En Yugoslavia, los civiles serbios cubrían los puentes para impedir su destrucción, hasta que comenzaron las *equivocaciones* de la OTAN. En Irak y Kuwait, los soldados iraquíes fueron enterrados en sus trincheras.

minado de antemano por 12 años de bloqueo económico y desarme –dos millones de muertos por hambre, entre ellos 600 000 niños, enfermedades endémicas y desnutrición masivas– que hicieron de una de las prósperas economías industriales de la zona, con un ingreso de 4 500 dólares por persona, un país pobre con un ingreso de menos de 1 000 dólares, y del mayor ejército árabe de un millón de hombres, una escuálida fuerza de 300 000, mal armados y equipados. El famélico toro iraquí estaba agónico antes de empezar la corrida, o por lo menos, flojo de remos, extenuado y sin cornamenta.[16]

Una cruzada ritual que se nos ofrece cada cierto tiempo y en la que se pretende renovar el viejo pacto de la esclavitud por el que el amo, luego de exhibir su devastadora capacidad de destrucción,[17] concede la vida a todos los supervivientes –los iraquíes en primer lugar, la humanidad entera luego–, a cambio de su obediencia. La ayuda humanitaria fue una pieza maestra del rito. En Afganistán, la aviación que bombardeaba lanzaba a la vez paquetes de comida.[18] En Irak, los soldados británicos que destruyeron los suministros de agua potable para Basora, exhibían las garrafas y botellas de agua para presionar la rendición de la población civil. Así, la interpenetración de Eros y Tánatos, propia de todo rito, llegaba al absurdo.[19]

La invasión de Irak fue el *golpe de Estado mediático* necesario para impulsar la vasta reorganización del planeta que Estados Unidos pretende realizar en los próximos años para inaugurar el *milenio norteamericano*...

16. Y como el descabello final, la obligada destrucción por Irak de su mejor arma, el misil «Alzamuts», días antes del inicio de la guerra. 17. Incluso antes de comenzar la invasión, Estados Unidos hizo una demostración, macabra y obscena, de la llamada «madre de todas las bombas». 18. «Las bombas de racimo y los paquetes de alimentos iban envueltos en fundas amarillas. Una de las tomas más dramáticas que ofreció Al Jazira fue la de un afgano –flaco y escurridizo, los grandes ojos, propios de los afganos, pronunciados por la desnutrición y el miedo– que miraba perplejo un paquete amarillo, sin saber si era fuente de vida o de muerte. La muerte y la vida tenían la funda y el sello de los EEUU.» Alejandro Moreano, *op. cit.*, p. 390. 19. Al delirio y al cinismo de los negocios: cada ración de comida, producida por alguna trasnacional, es comprada en 12 dólares por las tropas invasoras y cargada a la cuenta del petróleo iraquí.

La desaparición de Dios

Al día siguiente de la toma de Bagdad las tropas invasoras desaparecieron como por arte de magia. Si en Afganistán tras la rendición de los talibanes se esfumaron en los cielos, en Irak se desvanecieron entre las ruinas y el polvo, abandonando, salvo el Ministerio de Petróleo, el escenario al saqueo.

Así, en Kabul la pantalla, una vez borrados los talibanes, se llenó con las marchas de los milicianos tadyicos y uzbecos y de las mujeres sin burka, esta vez la CNN proyectó hasta la saturación imágenes del pillaje, del deambular de perplejos iraquíes entre las ruinas. A veces, algún soldado gringo aparecía en alguna esquina de Bagdad con la pose de un aburrido y somnoliento transeúnte, ajeno e indiferente al despojo. Era el reposo del guerrero que mostraba que, salvo en los esporádicos momentos del combate, la vida de las falanges imperiales es un eterno tedio.

Y para contrarrestar el bostezo de los soldados nada mejor que una partida de cartas. El CetCom entregó a cada soldado un naipe con las 55 figuras de los principales prófugos del régimen de Hussein. Una variación de los viejos juegos de niños en el que un álbum de figuras famosas debe ser llenado. Cada cierto tiempo, la TV trajo la noticia, sin las imágenes correspondientes, de que una de esas cartas había sido jugada y marcada. Subrepticiamente, por mediación de los naipes, las tropas de ocupación devinieron en policía secreta.

Paradojas de la Modernidad: si en la era del Absolutismo el poder fue lo ilimitadamente visible,[20] en la era republicana es «lo que ve sin ser visto»,[21] la mirada ubicua y absoluta y cuya metonimia siniestra fue la policía secreta, sustituida ahora por la tecnología.[22] La posmodernidad es la imbricación *sui generis* de las dos modalidades del poder.

El conflicto de Irak –clímax de la llamada posmodernidad– lo ha puesto en *pantalla*. Durante la invasión asistimos, por el escenario universal de la TV, a la exhibición de la cólera de

---

20. Y a la vez, recuérdese la fábula del rey desnudo, un resplandor cegante.
21. Ver *Vigilar y castigar* de Michel Foucault. 22. La pesadilla del chip de la que nos habla Paul Virilio, los satélites espías que, cual Dios, nos observan a todos y cada uno.

Dios, a las imágenes de los misiles hendiendo el aire y partiendo el cielo y la noche en mil luces pirotécnicas y hongos de humo negro, y de las columnas blindadas marchando raudas por el desierto y entrando a las ciudades y derribando las portadas de los bellos palacios de las mil y una noches; en la inmediata posguerra, en cambio, presenciamos su invisibilidad.

El ejército es el esplendor, los magnos desfiles a la luz del día que incluyen las proezas de la aviación; la policía, en cambio, es la noche, la clandestinidad del poder. Estados Unidos es, a la par, policía del Imperio y fuerzas armadas imperialistas,[23] tal la paradoja del actual orden mundial.

Esa dualidad tiende a convertir a EEUU en Estado universal, a confinar a la Unión Europea, Japón, Rusia y China en sus límites regionales,[24] a establecer estructuras económicas –acuerdos de libre comercio– y político-militares en cada zona que, junto a los Estados fuertes, aseguren la *paz americana*, a desarticular progresivamente a los débiles, ya sea fraguando gobiernos sin autonomía y/o promoviendo su desintegración en sus regiones y etnias, a demarcar *áreas* que se extienden por varios territorios y que excluyen la vigencia de la soberanía, a la declaración de patrimonio de la humanidad sobre varios ámbitos económicos –países enteros, la Amazonia o las Islas Galápagos, recursos naturales como el petróleo, las fuentes de agua y la biodiversidad– y su transformación en entidades administradas bajo la figura de fideicomisos internacionales. La germinación de una soberanía mundial sería un excepcional proceso histórico, sólo que en las actuales condiciones asume el aspecto de una irradiación universal de la soberanía norteamericana.

En ese proyecto la Región Andina –una de las *ingobernables* del planeta, junto al Medio Oriente– es uno de los objetivos inmediatos de la voluntad ordenadora, económica y policial, real y virtual, del Imperio.

---

23. En *Imperio* de Negri y Hardt se postula la célebre y polémica tesis de EEUU como eje y policía del Imperio, categoría ésta distinta de la de imperialismo y que supone el fin de los Estados nacionales y el *no lugar* de la dominación. **24.** En esa estrategia, la OTAN deja de ser el ejército mundial, en que pareció convertirse en los bombardeos en Yugoslavia, para devenir en lo que dice su nombre, alianza del Atlántico Norte y que corresponde a uno de los cinco comandos de la estructura mundial del Pentágono.

Región Andina, ¿orbe ingobernable o insumiso universo intercultural?

El presidente Uribe fue uno de los primeros jefes de gobierno que apoyó la invasión a Irak. A la vez, en sucesivas declaraciones, clamó[25] por convertir a Colombia –y, por ende, a la Comunidad Andina– en el blanco siguiente.

Colombia, Irak y Corea del Norte están muy lejos entre sí, localizados en puntos equidistantes que dan la vuelta al planeta. Bien podría decir Bush «en mis dominios no se pone el sol». A la vez, son fronteras interiores que subvierten la capacidad de Estados Unidos de gobernar el planeta. El sol desaparece por Occidente y EEUU es también el reino del sol poniente.

Fue Alain Ruquieu quien llamó a América Latina «Extremo Occidente» para significar que en ella se pronunciaban las tendencias bárbaras del capitalismo occidental. La Región Andina sería el extremo Extremo Occidente, *periferia de la periferia*, un territorio al borde del precipicio, aquel en que Colón creía que, llegado al fin del mundo, podría despeñarse.

Entre el barroco mestizo y la red (rizoma) intercultural

Varios ensayistas europeos han hecho hincapié en el papel de los grandes ríos en el imaginario europeo, tales como el Danubio o el Rin. Europa es también el mar, así nos lo han dicho Canetti y Rafael Alberti –«Castellanos de Castilla / os vengo trayendo la mar»–. Y la ciudad, Berlín Alexanderplatz o el Dublín de aquel día, común y corriente, de 1904.

La América Latina de los años 20 y 30 del siglo pasado era la selva y los ilimitados farallones andinos, escenarios aún vacíos de un segundo descubrimiento de América por parte de una burguesía ambiciosa[26] que se sentía capaz de «crear un continen-

---

25. Los sinónimos de *clamó* –suplicó, imploró, rogó, mendigó, por un lado, gritó, vociferó, chilló, aulló, berreó, rugió, gruñó, tronó, ladró, por otro y, en un tercer nivel de sinonimia, gimió, lloró, suspiró, hipó, gimoteó...– son elocuentes. Hemos escogido el tono neutro, pero el sentido de la voz del presidente Uribe incluía todos los sinónimos que hemos señalado. **26.** Ambiciosa y a la vez tremendamente sumisa, pues, en la utopía de Vasconcelos, América es naturaleza y matriz lista para ser fecundada por el espíritu europeo.

te» donde –trópico y mestizaje– florecería la raza cósmica. Los Andes y la selva pero también el mar –aunque menos que en Europa–, la meseta, la llanura y la ciudad –Adán Buenosayres...–.

Si la literatura es síntoma, espejo o representación de la cultura y de la historia, la América Latina presente en ella ha cristalizado en varios orbes literarios que serían a la vez culturales: Brasil, Mesoamérica, el Río de la Plata, el Caribe y la Comunidad Andina.

En esa visión de bloques diferenciales, la Región Andina está singularizada por los Andes. Tal es su origen, el fabuloso imperio del Tahuantinsuyu extendido a lo largo de la cordillera desde Chile y el noroccidente de Argentina hasta el Caribe colombiano, y la primera fase de la colonización española que, empresa de expropiación y monetización de excedentes, se asentó en las comarcas de mayor densidad del Tahuantinsuyu.

No obstante –y con otra mirada que no delimita conjuntos sino que establece matices, gradaciones de un *continuum*–, recorridos de Sur a Norte, los Andes se precipitan en el Mar Caribe, y en sus costados, por el delta del Río Magdalena y por la Orinoquia y los Llanos Orientales, estalla el trópico y el Caribe donde la piel, la temperatura, el ritmo de la música, los cuerpos y las voces son distintas.

Cruzada de Este a Oeste se torna múltiple, cambiante, heteróclita, y atraviesa la ribera, los puertos y la costa, los Andes, las inconmensurables selvas del Amazonas y del Orinoco. La geografía es siempre historia y en el capitalismo, efecto de las mutaciones espaciales de la incesante oscilación de la ley del valor. A partir del siglo XIX, y sobre todo de la Independencia, los ejes de la vida económica y las gentes, concentrados hasta entonces en los Andes y en torno a las regiones de las minas de plata, se desplazaron hacia los cultivos de exportación y los puertos, precipitando nuevos mestizajes

Mutaciones y gradaciones, rupturas y matices tales que han hecho coexistir el realismo mágico caribeño de García Márquez y la mítica andina de José María Arguedas,[27] la poesía de los imponentes farallones andinos –en el primer Escudero, una

---

27. La oposición y articulación de esas dos formas tan diferentes estuvo presente, de manera larvaria, en la narrativa indigenista de Icaza y la montubia de José de la Cuadra de la literatura ecuatoriana de los 30.

erótica de la materia inorgánica– y la novela de la selva que produjera el único mito sensual de América, Doña Bárbara, magma libidinal de incesantes metamorfosis: la Tigra en el campo montubio de Ecuador, las amazonas de la leyenda del Dorado, las mujeres de la narrativa de Jorge Amado.

El recorrido de Sur a Norte es también un recorrido étnico-cultural. Los pueblos indios dominantes en la meseta boliviana –aymarás y quechuas– van perdiendo densidad conforme se aproximan al Pacífico y al Atlántico. El Caribe fue uno de los centros del tráfico de esclavos y de la gran plantación que introdujera las culturas africanas en América y la región. Indios, negros, españoles y los múltiples tonos y modulaciones del mestizaje, un universo intercultural de variadas interpenetraciones que ha pretendido ser sintetizado bajo la fórmula del Barroco, estilo y matriz cultural que sería consustancial a toda América Latina.

El barroco andino de la Colonia –iglesias, fiesta popular e incluso una economía política– dominante en Quito, Lima, Bogotá, Sucre, La Paz...; y lo real maravilloso y el realismo mágico, presente sobre todo en el Caribe del siglo XX, habrían mantenido la continuidad de una forma que –Adorno la denomina *decorazione absoluta*– hace de la ornamentación, la teatralidad y la proliferación el sentido predominante, y que Lezama Lima llamó el arte de la *contraconquista* pero que, a la vez y en otra perspectiva, era el discurso de persuasión de la cultura dominante.

Si en el realismo mágico o la literatura de lo real maravilloso la síntesis cultural se manifiesta en una fusión de los lenguajes y la diégesis narrativa, en la mítica andina –y de alguna manera también en la de México donde el altiplano y la presencia de los pueblos indios establece una secreta correspondencia y parentesco– la fusión *fracasa*, y una suerte de esquizofrenia se instala en el lenguaje y la estructura, cuyo mejor ejemplo es *Zorro de Arriba, Zorro de Abajo*, de José María Arguedas. Mientras que en García Márquez la arquitectura narrativa es reabsorbida en un lenguaje que fluye sin tropiezos, en Arguedas, Fuentes o Vargas Llosa la unidad narrativa asume la textura de un rompecabezas, de un armazón a ojos vista...

Empero, esa esquizofrenia es una estética y a la vez la expresión de un orbe cuya identidad quizá no sea el barroco mestizo, sino el espejo cambiante, las modulaciones pulsátiles de la alteridad. Las huelgas de trabajadores y movilizaciones populares y la reciente emergencia de los pueblos indios, en particular en Ecuador y Bolivia, han fracturado el imaginario de la unificación mestiza y han multiplicado las diferencias y la interrelación de las culturas.

Intercultural, interregional, flujos sociales y culturales: el mosaico se arma.

La hidra de Lerna

En la visión imperial, el rompecabezas, en cambio, se desarma. El fracaso del nacionalismo «tercermundista» presente hasta los años 70 del siglo pasado, y la consecuente disgregación de los Estados-país[28] que estaban intentando organizar y centralizar el caos primordial, habrían destapado –olla de grillos o caja de Pandora– las múltiples tendencias centrífugas de esa realidad tan heterogénea, y la esquizofrenia económica, cultural, social y geográfica, asumiendo la figura de un orbe ingobernable.

Esa imagen esquizoide equipara a la Comunidad Andina con el Oriente Próximo como dos de las regiones «calientes» del planeta. Las hermana también el petróleo.

El orbe ingobernable, como la hidra de Lerna, asume para el discurso único diversos rostros, de los cuales los más temibles son la profunda crisis del modelo neoliberal y del sistema político, la emergencia de los pueblos indios y la resistencia popular, continua e inorgánica,[29] el fantasma del resurgimiento del nacionalismo, el narcotráfico, la guerrilla...

La problemática del tráfico de estupefacientes es extremadamente compleja y comprende desde una dimensión ética de la libertad hasta los problemas de la supervivencia de cientos de miles de campesinos, organizaciones de mercenarios y paramilitares, el poder de mafias que corrompen hombres e instituciones.

---

28. Estado-país es un aparato estatal sobre un territorio sin una voluntad nacional-popular que lo haya construido y lo sustente, y en cuyo seno pueden coexistir diversas etnias o nacionalidades que a la vez se extienden por países vecinos. Fue el producto de la balcanización impuesta por las potencias imperiales. 29. Una de cuyas mayores expresiones habría sido el *motín* boliviano de febrero de 2003, a la manera de aquellos del siglo XVIII inglés, analizados por Thompson.

En alguno de sus libros, el filósofo español Antonio Escohotado –quien, al modo de Allen Ginsberg, el insólito poeta de *Aullido*, ha explorado todos los paraísos e infiernos alucinógenos– señala que la piel es la frontera infranqueable entre el cuerpo y el Estado. De la piel hacia adentro, todo individuo tiene la soberanía absoluta sobre su cuerpo y su imaginación.

El consumo de drogas une a anarquistas con neoliberales. La teoría del libre mercado no tiene la profundidad de la de Escohotado pero postula también la libertad del consumo. De allí que, entre los defensores de la circulación sin trabas de drogas psicotrópicas, consten los miembros de la Escuela de Chicago, una de cuyas mayores expresiones fue la célebre carta de Milton Friedman a Ronald Reagan demandándole tal libertad. La política antidrogas no es una estrategia neoliberal.

Organización de poderosas mafias, alza de los precios, negocios gigantescos, metamorfosis del consumidor en delincuente obsesionado por la droga y capaz de todo para comprarla, y, en especial, las adulteraciones que producen miles de muertes por sobredosis son, según Escohotado, algunos de los efectos perniciosos de la prohibición.

Por otra parte, la política de las fumigaciones ha sido un enorme fracaso y sólo ha producido masivos desplazamientos de las plantaciones –de Bolivia al Perú y a Colombia– y de cientos de miles de campesinos. Como en una pesadilla de *cine de plagas*, las fumigaciones parecen provocar, antes que la destrucción de los cultivos, su proliferación incesante. El fenómeno tiene un nombre, el famoso *ballooning efect*. De Bolivia a Perú y a Colombia, la hoja de coca se ha trasladado sin problema. En Colombia la coca marca el rumbo de los campesinos migrantes a sitios, selva adentro, cada vez más inhóspitos.[30] El proceso se expresa en una aritmética inexorable. En el 2002, el año de mayor intensidad en los bombardeos, fueron fumigadas 300 000 hectáreas; empero, la superficie de cultivo sólo se redujo en 12 000. Su eventual erradicación de Colombia llevaría los cultivos a Brasil, donde existen 600 millones de hectáreas y 100 millones de campesinos pobres para sembrar de coca las

30. Los «éxitos» de la erradicación de la hoja de coca en el Departamento de Guaviare propiciaron el traslado de los cultivos a áreas del Putumayo, primero, y luego a Vichada, Vaupés, Catatumbo.

200 000 hectáreas que requiere la demanda global,[31] cultivables con menos de un millón de trabajadores.

Las secuelas nocivas de esa guerra química y biológica *sui generis* han sido denunciadas en innumerables ocasiones. Peligrosos efectos en los seres humanos y especies animales.[32] Graves impactos ambientales sobre los bosques primarios y secundarios, las fuentes de agua y los recursos hídricos. Asimismo, el desplazamiento del cultivo de coca acarrea enormes problemas de quema y tala de árboles.

Los únicos afectados por la estrategia *antinarcóticos* son los campesinos. Empero, en las redes del negocio del narcotráfico, sólo reciben una ínfima parte de los ingresos totales –el 0.67% del valor en las calles de Frankfort o París–, mientras los que procesan la hoja de coca, los que transportan la cocaína a los mercados florecientes y los que la distribuyen en Europa y EEUU se llevan la mayor parte. De los 500 000 millones de dólares que mueve el tráfico anual de estupefacientes, sólo 2 500 permanecen en Colombia y apenas 335 van a manos de los cultivadores de coca.[33] El 60% de los dineros del negocio circulan por el sistema financiero norteamericano –entre 200 y 300 000 millones de dólares–, sin que ninguna de las campañas contra el llamado *lavado* del dinero haya funcionado.[34] Por otra parte, el Servicio Congregacional de Investigaciones ha estimado que el 90% de los precursores químicos procede de EEUU.[35]

---

31. Ver Ricardo Vargas Meza, «Lucha antidrogas y narcotráfico», en Eloy Alfaro, (comp.), *Plan Colombia: paz esquiva o imposición armada, Revista Economía y Política*, núm. 8, marzo de 2001, Ed. Universidad de Cuenca. 32. Entre los efectos de los «componentes inertes» del glifosato –el más benigno de los pesticidas usados en las fumigaciones– se encuentran problemas gastrointestinales, ensanchamiento de los pulmones, vómitos, destrucción de los glóbulos rojos, neumonía, obnubilación de la conciencia, destrucción de la membrana mucosa, dificultades respiratorias, pérdidas del control muscular, convulsiones y depresión cardíaca. Ver Kinto Lucas, *Plan Colombia: la paz armada*, Ed. Planeta, Quito, noviembre de 2000. 33. Ricardo Vargas Meza, *op. cit.*, p. 384. 34. Las operaciones del Departamento de Justicia de EEUU para controlar el *lavado* en Miami fueron canceladas en 1982 por el entonces vicepresidente George Bush. En 1994, el banco internacional American Express fue multado por un Tribunal de Houston. Empero, se negoció no inculpar al American Express en su conjunto. Según David Novac, instituciones financieras peruanas comprometidas en el *lavado* de dólares fueron adquiridas por capitales extranjeros. Tal el caso de Interbank, banco estatal adquirido por Darby Overseas. 35. Ver Sergio Rodríguez Gelfenstein, «Plan Colombia: globalización e intereses hegemónicos de Estados Unidos en América Latina», en Eloy Alfaro (comp.), *op. cit.*

Controlar el *lavado* de dólares o el comercio de precursores químicos sería más fácil, eficaz y barato. ¿Por qué Estados Unidos no funda su estrategia antinarcóticos en los dos procedimientos? Es obvio que no quiere ni puede terminar con el tráfico de tóxicos. ¿Cuáles son sus verdaderos objetivos?

En la visión americana, narcotráfico se ha convertido en una categoría bélica y el combate antinarcóticos es parte fundamental de su estrategia regional y mundial. El golpe de efecto decisivo fue la creación de la muy *sui generis* categoría de *narcoterrorismo,* que legitima tanto bombardear al unísono a las guerrillas de las FARC y los cultivos de coca, como convertir el control militar de la zona en un asunto policial que no compete a la soberanía estatal. Cabe advertir que las acciones de fumigación y de contrainsurgencia no afectan a las llamadas AUC que, según lo ha reconocido innumerables veces su líder Carlos Castaño, manejan buena parte del negocio.[36]

La actual crisis económica y política de la región amenaza convertirse en crisis orgánica. La globalización tendió a disgregar el delicado tejido político que el último ciclo de modernización había elaborado, un régimen fundado en dos o tres partidos y en estructuras gremiales relativamente estables. Democracia y desarrollo industrial era el binomio de la estabilidad. La crisis del 82 barrió de inmediato con la industria para el mercado interno y, de manera mediata, con el sistema político.

Los programas de ajuste y la apertura económica parecieron funcionar, en especial en Colombia, Perú y Bolivia. Empero, a la postre, provocaron una verdadera hecatombe signada, amén del desempleo creciente y la agudización de la pobreza, por la recesión y, en algunos casos, el derrumbe económico y la quiebra del sistema financiero. La crisis venezolana que llevó al poder al coronel Chávez fue el primer síntoma y la caída de Fujimori el final. En Bolivia, una gigantesca movilización de campesinos, cocaleros y una renaciente COB certificaron el fracaso del neoliberalismo y agudizaron el panorama

36. Chomsky, en una conferencia en Bogotá, se preguntaba por qué se bombardeaban las zonas cocaleras próximas a las FARC y no aquellas que se encuentran en territorios dominados por los paramilitares. Múltiples medios de prensa han señalado eventuales conexiones de Uribe tanto con los paramilitares como con núcleos de la mafia colombiana.

conflictivo en toda el área andina. Hoy se vive en dichos países, aparte de la crisis política de Venezuela y de la problemática colombiana, una suerte de colapso del neoliberalismo en cámara lenta. Los gobiernos de Bolivia, Perú y Ecuador parecen navegar a la deriva, en medio de convulsiones sociales, con una sola ancla, la estrategia económica y política diseñada por Estados Unidos.

Ese fracaso y su contrapartida, es decir, una política de resistencia al ALCA, la posibilidad de un eje Chávez-Lula-Kirchner que viabilice la unidad del Mercosur y de la Comunidad Andina, han provocado el debilitamiento de la hegemonía norteamericana y un cierto vacío de poder en toda Sudamérica.[37]

Hasta tal punto que en los territorios que se extienden del Magreb al Asia Central, cuyo vacío de poder luego de la caída de la URSS ha intentado llenarse mediante cuatro guerras, EEUU se apresta a reforzar su hegemonía declinante en América del Sur por la única vía que el Cómodo[38] de la nueva Roma conoce: las legiones del César...

La geopolítica de Dios

La génesis de la soberanía imperial comprende un complejo proceso de debilitamiento y disolución de la soberanía de los Estados-país, en especial de la periferia. Exploremos esos modos y su posible viabilidad en la Región Andina.

---

37. Menem y Fujimori articulaban esa hegemonía, amén de que Menem saboteaba el Mercosur. **38.** «Marguerite Yourcenar señala que escogió a Adriano a partir de una frase de Flaubert sobre la época en que los hombres fueron soberanos porque los viejos dioses habían muerto y el nuevo aún no gobernaba. Trajano y Adriano, de la dinastía de los Antoninos, representaron la madurez de Roma, impregnada de una impalpable *declinación*; a partir de la muerte de su nieto Marco Aurelio, uno de los grandes estoicos, y del reinado de Cómodo comenzó el verdadero ocaso; es decir cuando dejaron los hombres de ser soberanos. El comienzo del derrumbe nace en el momento del máximo esplendor: Bush padre y Bush hijo no son Adriano y Marco Aurelio –ni siquiera su caricatura– sino la reencarnación de Cómodo, el Hércules romano que restableció las sangrientas peleas de los gladiadores.» Alejandro Moreano, *op. cit.*, p. 436.

Gobiernos sin Estado

La invasión de Irak, transmitida en vivo y en directo, fue una lección de política en vivo. Primero la *blitzkrieg*, luego las escenas del saqueo, más tarde las imágenes de las grandes marchas-procesiones de los chiítas del Sur hacia Kerbala y de los sunnitas, chiítas y cristianos en Bagdad. Bush habló de una fiesta de la libertad. Gracias a la magia de la TV, el sueño de Bakunin –el Estado disuelto y un espacio político absolutamente vacío– parecía haber llegado a Irak de manos de las tropas invasoras. La *anarquía* social y política en directo. Y Bush, el Bakunin del siglo XXI.

Estaríamos así en condiciones de asistir, en tiempo real, a la creación por abajo del nuevo gobierno iraquí. Los sucesivos enviados del gobierno de Bush no serían virreyes o gobernadores sino meros *facilitadores*

La noticia de que las tropas ocupantes, atrincheradas en la escuela de Al-Fallujah, dispararon contra una manifestación que exigía su retirada, causando 14 muertos y 70 heridos, vino a perturbar el idílico cuadro. Dos días después se repitió la matanza. Desde aquellos acaeceres, las tensiones entre iraquíes y fuerzas invasoras han aumentado en intensidad. A la vez, la tolerancia respecto al saqueo procuró degradar y corromper la espontaneidad social para modificarla –vieja táctica– en un cuadro de desorden e incluso delincuencia, que demanda la intervención policial.

La matanza de Al-Fallujah fue un síntoma del fracaso de la retórica anarco-libertaria del Bush de la CNN. Formar un gobierno gestado libremente por la sociedad en presencia de un ejército de ocupación era y es la cuadratura del círculo.

La viabilidad de la paradoja es imposible. La estrategia norteamericana en Irak es la misma que se aplicó en Afganistán. Si en los veinte años de beligerancia contra los gobiernos de Daud y Karmal y en contra de la intervención soviética, la alianza de EEUU y el integrismo islámico destruyó el Afganistán moderno, y a la postre, a Afganistán a secas, los 12 años de embargo han destruido buena parte del Irak moderno construido desde los 50 hasta los 80 del siglo XX. El resultado pretende ser la desintegración del país en sus diferentes etnias y clanes y la instauración de un gobierno sin soberanía, que sirva de cobertura para realizar los jugosos negocios de la explotación petrolera y la reconstrucción. Las diligencias del *facilitador* de Washington se encaminan a crear un órgano exclusivamente administrativo mediante un acuerdo siempre precario de las élites de los viejos clanes y de los restos de la antigua burguesía.

En su lucha contra el colonialismo anglo-francés, y en los casi dos siglos de sus relaciones con América Latina, Estados Unidos desarrolló el sistema neocolonial,[39] y una estrategia nueva, la de sustituir gobiernos adversos por *amigos*.[40]

Hoy la pretendida invisibilidad de los EEUU en Irak, al igual que en Afganistán, una vez finalizados los bombardeos, es la expresión de un curioso proceso político, la generación de entidades administrativas sin soberanía, que combina relaciones coloniales y neocoloniales. Tal es también la solución propuesta por Bush para la crisis palestina.[41]

El proceso no es nuevo. Luego de la invasión a Panamá y la destrucción de la Guardia Nacional, América Central avanza en ese sentido. Varias regiones africanas –Somalia, Ruanda, Burundi– han dejado de ser unidades políticas.

Si bien fueron los Estados multinacionales y/o multiétnicos[42] de la periferia de Europa[43] y del África subsahariana, los

---

39. Estados y gobiernos independientes, controlados empero económica y políticamente, mecanismo tan cuestionado por líderes e intelectuales radicales como Nkrumah y Fanon. **40.** La lista es interminable. Cabe recordar dos ejemplos dramáticos, el de Mossadegh y el sha en Irán, y el de Allende y Pinochet en Chile. **41.** La *Hoja de Ruta* es la renovación del viejo proyecto norteamericano-israelí que comprende una entidad palestina sin ejército, sólo con una fuerza policial, fronteras exteriores controladas por Israel que sobrevolaría libremente los cielos, sin capacidad para firmar acuerdos con países considerados enemigos de Israel y EEUU. Un Estado ficticio conformado por una suerte de bantunstanes o reservorios de mano de obra. Según Samir Amin, ese simulacro convertiría a la Autoridad Palestina en «gestora de los intereses israelíes compradores y del capital dominante». Su objetivo es dividir al pueblo palestino –llevándolo incluso al borde de la guerra civil– y gestar una élite palestina proamericana, un *gobierno amigo* que, a la vez, sea un *gobierno sin Estado*. Más aún, Bush ha propuesto la presencia de tropas norteamericanas en Gaza y Cisjordania, cuyo objetivo sería desarmar al movimiento de resistencia Hamas. **42.** En lugar de Estados-nación –ideal y ficción de los movimientos de liberación nacional– lo que el colonialismo dejó como su herencia fue una entelequia híbrida, el Estado-país integrado en múltiples casos por varias nacionalidades, fracturadas a su vez entre diversos países. Son esos Estados los que se están desarticulando y, en algunos casos, desapareciendo. **43.** En una conferencia dictada en el ILDIS-Ecuador un representante de la socialdemocracia alemana afirmó que sufrieron la peor erosión que precipitó el refugio –la estampida– de amplias capas de la población en *identidades primordiales*,[44] buena parte de los países de la periferia han experimentado la disgregación de su unidad, sobre todo aquellos, como los de la Comunidad Andina, de menor cohesión nacional y en los que el aparato estatal ha jugado un significativo papel de unificación.

Ecuador, Perú y Bolivia son los que han sufrido los efectos de la llamada *globalización* en su propia existencia como entidades nacionales y políticas. Su ya frágil unificación nacional anterior ha sido aún más debilitada tanto por los procesos de globalización –apertura económica, privatizaciones, desregulación– cuanto por las fuerzas centrífugas y disruptivas de carácter regional que son activadas por la misma. La crisis del 82 inició la cuenta regresiva.

La transferencia de funciones al mercado y a los organismos internacionales ha propiciado una reorganización interna de los Estados que los desarma. Me refiero a la ruptura del lazo horizontal y a la subordinación de las estructuras administrativas desgajadas, convertidas en entes autónomos,[45] a las entidades supranacionales. Por supuesto, esas estructuras no forman parte ni mucho menos de las instituciones internacionales y de su sistema de decisiones. Funcionan en calidad de instancias ejecutoras –«operadores locales» en la jerga comunicacional– de políticas globales, sometidas a vigilancia permanente.[46]

Tal desvertebración ha tendido a revitalizar viejas y hondas fracturas regionales. Frente a la insurrección del 21 de enero de

---

que los países de mayor homogeneidad étnica tenían mayor capacidad de desarrollo que los multiétnicos. Nada tan erróneo, pues Suiza, Bélgica, España son países multiétnicos en prosperidad. El corte no pasa por allí sino entre el centro del sistema capitalista y su periferia. La descomposición de Yugoslavia es quizá su mayor y más trágica expresión. **44.** Slavoj Zizek señala que el Estado-nación, el proceso de identificación secundaria, ha sido socavado tanto por la internacionalización del mercado como por los procesos de identificación primordial que lejos de constituir una «regresión» son la confirmación de que «la pérdida de la unidad orgánico-consustancial se ha confirmado plenamente», Slavoj Zizek, «Multiculturalismo o la lógica cultural del capitalismo multinacional», en Fredrik Jameson y Slavoj Zizek, *Estudios culturales. Reflexiones sobre el multiculturalismo*, p. 169. **45.** Dicho proyecto viene desde los años 50 cuando se impulsaron, en diversos países, reformas jurídicas tendientes a definir autonomías institucionales. **46.** Alejandro Moreano, *op. cit.*, p. 372.

2000 de los pueblos indios de Ecuador en alianza con corrientes militares nacionalistas –fuerzas localizadas preferentemente en la Sierra–, la oligarquía guayaquileña por boca de su máximo líder, el entonces alcalde León Febres Cordero, amenazó con separar de Ecuador al Litoral. En Bolivia se ha llegado a hablar de una *nación camba* y otra *chapaca*, y a proclamar, a mediados de los 90, la secesión de Tarija.[47] En 1960, el régimen del Frente Nacional de Colombia denominó repúblicas independientes a las regiones de influencia de las FARC. Cuarenta años después, el *área desmilitarizada* del Cahuán fue para las FARC un reconocimiento de una suerte de poder semiestatal suyo dentro de Colombia. En los 80 fue suficiente que Sendero Luminoso dinamitara algunos puentes para que parte de los Andes y de la Amazonia peruana –en torno a Ayacucho, el Cuzco y Abancay– quedara separada de Lima.

La crisis bancaria –otra de las consecuencias de la globalización– que afectó a todos, en especial a Bolivia y Ecuador, fragmentó la unidad del bloque dominante al quebrar el único factor de cohesión, el capital social. La violenta e incontrolable liberalización del tipo *big bang* que provocó una masiva ruina de las industrias para el mercado interno y una desproporcionada importación, sin la contrapartida de un desarrollo previo de las exportaciones, condujo a un crónico déficit de las balanzas de pagos, a una desvalorización continua de las monedas nacionales y, lo que es más grave, a una crisis de confianza en las mismas. La llamada *dolarización* fue el resultado, que se manifestó a través de un incremento sustantivo de los depósitos en dólares o mediante la conversión del dólar en moneda oficial, como en el caso de Ecuador.

Al margen de su significado económico, la *dolarización* ha cuestionado profundamente los imaginarios de la identidad simbólica de Ecuador. Estado y dinero son los dos nombres de un país. Hace 50 años los poetas ecuatorianos cantaban al hombre ecuatorial y los narradores profetizaban una suerte de epopeya mestiza. Hoy hablan de una línea imaginaria, un no lugar.[48] La dolarización nos ha despojado del nombre nacional

---

47. No por *sui generis*, el motivo –el rechazo al resultado de un partido de futbol– deja de ser sintomático.   48. Las capas medias intelectuales, a la usanza de la vieja aristocracia colonial y de los poetas *decapitados*, quieren marchar a Euro-

del dinero. Estamos perdiendo los ejes del imaginario nacional y de la capacidad de simbolización, de autonombrarnos. ¿Somos los nuevos *huairapamushcas*[49] de la globalización?[50]

Coronación final de esa disolución de la soberanía ha sido la subordinación permanente de las políticas estatales a los dictámenes del FMI y el Banco Mundial y, con frecuencia, de las embajadas estadunidenses. El llamado Plan Colombia, proyecto de Ley S-1758 aprobado en la sesión del 20 de octubre de 1999 por el Comité de Relaciones Exteriores del Senado norteamericano, no es un programa de ayuda sino una estrategia política integral que ha de ser aplicada por el gobierno colombiano.[51]

El llamado «zar de las drogas», General Barry McCaffrey, habló de la necesidad de *gendarmerizar* –tal fue la palabra que utilizó– a las Fuerzas Armadas. Por vías distintas a las de Afganistán e Irak, nuestros países parecen, en una suerte de *disecación lenta e inexorable*, haber entrado en una extinción en cámara lenta.

Sin embargo, persisten alegóricamente. La relación del Imperio con los Estados de la periferia es bastante compleja. Si bien por un lado necesita desarticularlos, por otro los requiere para que, en una suerte de descomposición congelada y con

---

pa a lo que un escritor joven denomina «búsqueda de nuevos padres». O, más bien dicho, el Padre por antonomasia. *El Chulla Romero y Flores*, novela del ecuatoriano Jorge Icaza, habría, por fin, asesinado a Mama Domitila, la madre india... **49.** Palabra quichua que significa «hijos del viento». La novela *Huairapamushcas* de Jorge Icaza pretendía nombrar de esa manera a aquellos indios y mestizos que, desligados de su comunidad, habían perdido toda identidad. **50.** El día en que entró en vigencia en Ecuador la llamada *dolarización*, varios artistas –pintores, teatristas, zanqueros, artistas de la calle– hicieron un simulacro de entierro del sucre, con una procesión al cementerio de San Diego, en Quito. Al paso del cortejo fúnebre, muchos ciudadanos de los sectores pobres de la sociedad expresaban con vívida emoción, incluso lágrimas, una suerte de sensación de desamparo. ¿Nostalgia, sentimiento de orfandad? En esas emociones se expresaba la incierta intuición de que se había quebrado la facultad de (re)creación de la identidad originaria, su capacidad simbolizadora, su poder de autonominarse, la oscura sensación de algo así como el fin del Ecuador, esa entelequia híbrida de nombre ambiguo, había culminado y de que íbamos a la globalización como esos huérfanos que se ponen el nombre genérico del amo. Bwana... éramos bwana. Ni siquiera «bwana». «Bwana» es el nombre nativo del amo. Y «dólar» es el nombre gringo del amo. **51.** En efecto, el Plan Colombia comprende medidas para corregir los desequilibrios fiscales, una política de privatización de empresas, de la banca estatal y de la seguridad social, reformas del sistema judicial y de las FFAA.

una existencia en negativo, obstruyan la germinación de una fuerza de trabajo, clases y partidos políticos internacionales, y propicien renovados modos de subsunción formal del trabajo al capital que permitan su expansión.

A la manera del mongol –fascinación y modelo de EEUU–, el nuevo Imperio pretende ser un orden político global en cuyo interior coexistan etnias, regiones, naciones sin soberanía, bajo la tutela de un Dios colérico que está en todas partes y en ninguna.

Estados Unidos, una suma de potencias regionales

La *pax americana* exige una zonificación de la tierra, en la que ciertos países de mayor desarrollo económico y/o militar –mercados emergentes– como México, Israel, Pakistán o Turquía[52] jueguen el papel de socios menores en el dominio de cada región. Tal ha sido su política clásica. Empero, hoy pretende una presencia estratégica en cada una de las regiones del orbe, que asegure la estabilidad general.[53]

La magia del *establishment* desafía la dialéctica hegeliana. EEUU es a la vez el todo, las partes y la suma de las mismas. Amén de potencia mundial que reina en el Empíreo,[54] es potencia regional en la OTAN, el Oriente Próximo y, paulatinamente, en el área andina, además de árbitro regulador de los equilibrios regionales.[55]

La estructura de las fuerzas armadas norteamericanas, cinco comandos regionales que cubren todos los rincones del mundo y bases de operaciones en los nudos estratégicos, expresa ese

---

52. El programa estadunidense incluye transformar a Rusia y China en potencias de segundo orden con intereses meramente regionales.   **53.** En la estrategia de seguridad nacional de EEUU se habla de *interoperatibilidad* –la acción militar llevada a cabo junto a los países *amigos* y *aliados*– pero también de *actuación unilateral* si el caso lo requiere. Las acciones en Afganistán y Oriente Medio revelan que la actuación unilateral cobra cada vez mayor importancia.   **54.** El Empíreo, en la vieja cosmología medieval, recogida por el Dante, es el escenario donde moran Dios y los bienaventurados.   **55.** El arbitraje supone un cambiante juego de alianzas con las distintas élites, cuyo objetivo es imponer el dominio e impedir la consolidación de un centro político estable.

proceso.[56] La ocupación de Irak –y una creciente intervención armada en Colombia– entrañaría, con la organización de ejércitos estadunidenses regionales, una mayor profundización en la construcción de ese esqueleto del aparato de Estado mundial.

En la Región Andina el proceso comenzó con la demarcación de la *zona antinarcóticos*.

De zona antinarcóticos a eje del mal

T. S. Eliot había señalado que el cambio en el verso latino provocó la caída de Roma. Un juego semántico similar sirve para legitimar el nuevo orden en la Comunidad Andina.

Si territorio es un espacio físico en el que se despliega la soberanía, y zona o región categorías que no comportan la noción de soberanía, basta con declarar a la Región Andina *zona antinarcóticos*[57] para que Estados Unidos legitime su intervención imperial.

La lucha antinarcóticos es considerada uno de los «intereses nacionales importantes»[58] de la seguridad de EEUU. En ella América Latina no es un conjunto de países soberanos sino una masa de tierra y agua adyacente de 15.6 millones de millas cuadradas, espacio sin fronteras políticas, responsabilidad del Comando Sur del Pentágono y en la que sólo existen dos áreas, la de producción (que corresponde a regiones de Colombia, Perú y Bolivia) y la de tránsito que, amén de Ecuador, recorre el Caribe, América Central y México.

Tal división sirve para definir tareas de vigilancia, interdicción y erradicación de cultivos, en cuya aplicación juegan un

---

56. En nombre de la «cruzada perpetua», Estados Unidos ha consolidado su condición de ejército mundial implantado en todas las regiones. Tras la Guerra del Golfo de 1991, instaló nuevas bases en Arabia Saudita, Kuwait y Bahrein y transformó a Qatar en centro de comando. El conflicto en Afganistán, por su parte, le permitió emplazar bases en los países de población musulmana de la antigua URSS, en tanto los países de Europa oriental son los puntales de su hegemonía en la OTAN.   57. Constantes en diversos documentos en especial en las sucesivas *National Drug Control Strategies*.   58. La «Estrategia de Seguridad Nacional» de 1999 distinguió tres categorías entre los intereses de seguridad: vitales, aquellos que competen al territorio de los EEUU, importantes y humanitarios.

papel importante las bases aéreas y los batallones antinarcóticos, fuerzas de aire y tierra, vigilancia vertical y horizontal. Se han construido cuatro bases[59] que forman un triángulo en torno a Colombia calificado de «región antidrogas». Los batallones antinarcóticos están aún en fase de entrenamiento. En todas las actividades intervienen regularmente 12 000 efectivos norteamericanos.

La estrategia de la lucha antinarcóticos surgió al final de la Guerra Fría a manera de sustituto y argumento de legitimación de la injerencia militar norteamericana. Era la época en que EEUU buscaba el pretexto para una estrategia de cruzada permanente que legitimara su implantación en todas las regiones del mundo, particularmente en las muy conflictivas, y su derecho a intervenir en nombre de «causas humanitarias».

La definición del *terrorismo internacional* como el gran enemigo, y el calificativo de *terroristas* aplicado a los grupos guerrilleros colombianos, han permitido evidenciar la verdadera dimensión de la lucha antinarcóticos, una suerte de fase preliminar, entrenamiento y justificación de la llamada «lucha contra el terrorismo». A la par todo ello ha servido para definir su carácter estratégico –*conflicto de baja intensidad*– que marca la continuidad con las conflagraciones que se libraron en Nicaragua y El Salvador, en los 80.[60] Ambas comparten el carácter de contienda infinita en la medida en que los grupos terroristas y los cultivos de coca son una floración cancerígena en metástasis inacabable que, derrotada o erradicada en alguna parte, vuelve a germinar en otra. Imperio universal, Estados Unidos ha heredado la experiencia de otro absolutismo, el de la Iglesia Católica, para quien el Mal es incesante e infinito.

El paso de la una a la otra fue preparado, en la segunda mitad de la década de los 90, cuando la National Drug Control Strategy privilegió las áreas de producción (Colombia) a las de

---

59. Denominadas Puestos Avanzados de Operaciones (FOL) y localizadas en Manta, Ecuador, en Reina Beatriz, Aruba, en el Aeropuerto de Hato, Curazao, y en Comalapa, El Salvador. **60.** Si en la historia de los últimos 40 años, América Central y el Cono Sur fueron los escenarios de la mayor conflictividad política de América Latina –en los 60 las guerrillas de América Central y Venezuela, en los 70 los procesos políticos e insurgentes del Cono Sur, en los 80 la revolución sandinista y la insurgencia salvadoreña y guatemalteca–, en el presente lo es la Comunidad Andina.

tránsito como el objetivo central. En ese marco surgieron, originalmente como una lucha antinarcóticos, el Plan Colombia y la Iniciativa Andina, que, no obstante, se han convertido paulatinamente en estrategias de contrainsurgencia para eliminar a los grupos guerrilleros colombianos[61] y en mecanismos de potestad sobre los territorios andinos.

La desarticulación de la Comunidad Andina, en tanto proceso económico-político,[62] y su metamorfosis en una alianza militar dominada por Washington, sería el golpe de muerte a la alternativa de la integración sudamericana.

El Imperio ha dado pasos certeros en esa dirección. En la reunión del Grupo de Río celebrada en Cuzco en junio de 2003, por mediación del presidente ecuatoriano Lucio Gutiérrez, se leyó una declaración que, bajo la figura de un ultimátum a las FARC, abre las puertas a una eventual intervención multinacional.

Petróleo y biodiversidad, patrimonio de la «humanidad»

«La guerra son los negocios», decía Bertold Brecht. El petróleo es el negocio del clan Bush.[63] Pero es, sobre todo, un arma geoestratégica.

Algunos países o zonas sufren por su riqueza y son culpables por su geografía. Irak, segunda reserva petrolera del mundo, ribereño del Golfo Pérsico y vecino de Irán, Siria y las monarquías petroleras, pero no de Israel, es un ejemplo. Otro, la Región Andina, cuyo petróleo –en especial el de Venezuela– es de suma importancia en el mercado mundial y norteamericano, y cuyas reservas son un enigma indescifrable, sobre todo aquellas de los territorios en disputa con la guerrilla colombiana.

---

61. En esa perspectiva, el ejército ecuatoriano, bajo el pretexto de cubrir la frontera, debe funcionar de *yunque* para que el ejército colombiano, convertido en *martillo*, arrincone a las FARC.   **62.** Uribe se encuentra empeñado en alcanzar un acuerdo preferencial con EEUU, a la manera de Chile. Múltiples sectores empresariales presionan en igual sentido en el Ecuador y otros países andinos. La Comunidad Andina de Naciones se encuentra en extremo débil. **63.** El vicepresidente Cheney fue alto ejecutivo del grupo Halliburton Oil, Rumsfeld de la petrolera Occidental, la Consejera de Seguridad Nacional, Condoleeza Rice, de la Chevron –hay buques petroleros con su nombre–, Bush padre, del grupo petrolero Carlyle, y el actual presidente, de la Harkins Oil.

El petróleo es la maldición del mundo moderno, el nuevo Moloch que exige sacrificios humanos, ordalías de fuego y automutilaciones, y provoca conflagraciones, enriquecimiento de élites rentistas, empobrecimiento de la mayoría y destrucción del medio ambiente. Se ha pretendido sustituirlo por nuevas fuentes de energía –hidrógeno, sol, agua...–, pero en vano: las industrias petrolera y petroquímica son demasiado poderosas y, por ende, continuará siendo la principal fuente de energía en los próximos 50 años y una materia prima imprescindible para el funcionamiento de la economía mundial. Según el informe sobre las «perspectivas energéticas mundiales» de la Agencia Internacional de Energía (AIE), la demanda crecerá, a un ritmo del 1.9% anual, de los actuales 74 millones de barriles diarios a 114 en el 2020, concentrada en EEUU, la Unión Europea, Japón y China.

Tal fue una de las razones de la *blitzkrieg* dirigida por el general Franks.[64] Colonizar y desintegrar Irak, amenazar a Irán,[65] retomar la influencia decisiva sobre las monarquías, ¿no pretende acaso disponer del libre acceso al petróleo del Golfo Pérsico e incluso el de la OPEP y, de esa manera, disponer de una poderosa arma geopolítica tendiente a subordinar a China, Japón y la Unión Europea?

Si el oro negro del Golfo Pérsico es vital para EEUU en su proyecto de aumentar su poder sobre la Unión Europea, China y Japón, el de la Comunidad Andina, por razones de vecindad

---

64. En las dos décadas señaladas ni el petróleo del Mar Caspio, ni el ruso o el del Mar Negro estarán en condiciones de desplazar al del Golfo Pérsico como eje de las exportaciones mundiales. Según la AIE, en el año 2020 los países del Asia del Pacífico –sobre todo China y Japón– dependerán en un 92% del petróleo del Golfo Pérsico, y la Unión Europea en un 79%. En esa perspectiva, la potestad sobre el Golfo es decisiva para el Imperio. Mas la dependencia respecto a Occidente y la primera Guerra del Golfo provocaron tales efectos –pérdida de la soberanía, crisis económica, baja drástica del nivel de vida, profanación de los lugares santos de Medina y La Meca–, que fue inevitable la emergencia de sectores fundamentalistas articulados a importantes sectores de poder críticos de la Casa Saud –tal el fundamento de la existencia de Al Qaeda– y el consecuente debilitamiento del vasallaje a EEUU e Inglaterra. Los bombardeos en Afganistán y la invasión a Irak tuvieron entre otros objetivos poner en vereda a las díscolas monarquías wahabistas, bajo la proclama de Bush, dicha en el tono de un integrismo tan riguroso como el de Bin Laden: o están conmigo o están contra mí.
65. En la dinámica de la OPEP, los países que postulaban una política libre de las presiones estadunidenses eran Irán, Irak, Libia y Venezuela.

geográfica, es imprescindible para asegurar su provisión estable y continua.[66]

La producción petrolera ha aumentado en todos los países andinos, en especial en Colombia y Ecuador. En Colombia ha alcanzado una cifra que bordea los 2 000 millones de dólares de exportación, el 20% de sus ingresos. En Ecuador se pretende llegar a 400 000 barriles diarios de producción, una ampliación del 60% respecto a 1985.[67] En ambos países el mecanismo se ha fundado en la apertura de bloques a la inversión extranjera bajo la modalidad de contratos de exploración.

Poco a poco las corporaciones multinacionales han alcanzado mayor control sobre el petróleo de la región. La guerrilla colombiana y el nacionalismo recurrente de los gobiernos han sido, sin embargo, sus mayores obstáculos.

Si el temor de Estados Unidos en el Golfo Pérsico es la terrorífica unión de petróleo e Islam –léase Al Qaeda–, en Colombia lo es el binomio drogas y petróleo, aunque por distintas razones. Los dos productos son sus principales rubros de exportación. Y la guerrilla funda su base social en los cultivadores de coca y su capacidad desestabilizadora en acciones de sabotaje a la infraestructura petrolera.[68]

En Venezuela, a partir del segundo gobierno de Carlos Andrés Pérez, en cuya anterior administración, 1976, se nacionalizó el petróleo, Petróleos de Venezuela, S. A. (PDVSA), inició una política de progresiva privatización. A partir de un discurso *sui generis* que equiparaba al Estado con los viejos terratenientes –el «Estado terrateniente petrolero»–, a las regalías con la renta semifeudal de antaño y a las corporaciones multinacionales con los campesinos –«la tierra para los campesinos, las minas para los mineros»–, los gerentes de PDVSA diseñaron y ejecutaron un proyecto –denominado Política Petrolera de Apertura, 1989–, tendiente a entregar parte de la explotación

---

66. Según los datos de la AIE, la demanda norteamericana del petróleo del Golfo descenderá al 52% en los próximos años.   **67.** En 1984 fueron 250 000 barriles diarios, 300 000 en 1985, 325 000 en 1992, y 390 000 en 2000.   **68.** En 1999, el oleoducto Limón Covenas, de 600 kilómetros de longitud, fue bombardeado 79 veces por las guerrillas. La Occidental Petroleum gasta 20 millones de dólares al año en seguridad, que incluye una base militar en sus instalaciones, y asegura haber perdido 1.5 billones de dólares por ataques a su oleoducto. Ver Kinto Lucas, *La paz armada*, Ed. Planeta, Quito, noviembre de 2000.

a corporaciones multinacionales,[69] pero, sobre todo, a disminuir las transferencias de recursos al gobierno central[70] y a marginarse de la OPEP.

Ronald Reagan había jurado que «pondría de rodillas a la OPEP». El petróleo de México y de la Comunidad Andina era y es uno de los ejes de esa política. México siempre fue advertido de mantenerse fuera de la OPEP, la presión ejercida sobre el Ecuador lo obligó a retirarse y la política de PDVSA de aumentar la producción y bajar los precios, desligándose en la práctica de la política de cuotas y precios de la OPEP, se convirtió en la norma directriz en la fase de la Apertura. El gobierno de Chávez empezó a cambiar esa política, provocando la poderosa huelga de los ejecutivos de PDVSA de fines de 2002 y comienzos de 2003 que conmocionó a toda Venezuela y que terminó con la reestructuración integral de la empresa estatal. Durante el gobierno de Chávez los precios del crudo empezaron a subir y Venezuela se convirtió en uno de los puntales de la OPEP. Tal es una de las razones del apoyo del gobierno de Bush a la oposición venezolana.

El control sobre los recursos naturales fue una de las políticas centrales del viejo imperialismo. ¿Cuál es su novedad actual? La tendencia a convertir a las regiones ricas en recursos naturales en dominios de *soberanía internacional*.

La problemática va mas allá del petróleo. El objetivo, no tan encubierto, del Plan Colombia y de la Iniciativa Andina es el dominio monopólico, amén del petróleo, de los recursos de agua dulce, carbón, agroindustria, diversos corredores transoceánicos fluviales y terrestres, y, en especial, de la riqueza genética de las etnias y de la biodiversidad de la Amazonia, la más rica del globo. Y todos ellos tienden a ser calificados de ámbitos de *soberanía mundial*.

La invasión a Irak y el Plan Colombia son otras tantas fases y procesos de la dictadura planetaria de EEUU que comprende,

---

69. «Actualmente, alrededor de un 25 por ciento del petróleo venezolano es producido de esta forma. Según los contratos firmados bajo los términos de los años de la Apertura este porcentaje se incrementará por encima del 40 por ciento para el año 2010.» Bernard Mommer, «Venezuela: petróleo subversivo», www.soberania.info, 19 de febrero de 2003.   **70.** «En otras palabras, por cada dólar de ingreso bruto, PDVSA pagó en 1981 al gobierno 71 céntimos en rentas, regalías e impuestos, pero sólo 39 céntimos en 2000.» Bernard Mommer, *op. cit.*

además de las formas locales y regionales señaladas, la metamorfosis del Estado norteamericano en Estado mundial, estructuras administrativas como el G7, la OMC, el Banco Mundial y el FMI, e incluso una *sociedad civil global* capitaneada por las ONG. Tan compleja articulación constituye la curiosa imbricación de prácticas políticas imperiales e imperialistas que recrean la figura del nuevo orden mundial en desarrollo.

«De abajo vendrá el temblor»[71]

La irrupción de los chiítas, el 65% de la población iraquí, su renuencia a participar en las reuniones convocadas por el delegado de Bush y su creciente beligerancia a la ocupación extranjera, amenazan con desarticular el plan tendiente a crear un gobierno títere en Irak.[72] La confrontación amenaza llevar a Irak a una mezcla de lo que un analista español llamó la *palestinización* –Intifada y kamikazes contra los conquistadores–, estrategia chiíta-sunnita y *libanización* –desintegración étnica–, estrategia de Blair y Bush.

El conflicto expresa la tensión que atraviesa la historia mundial del presente y del inmediato futuro. El surgimiento del nuevo gobierno de Irak será una suerte de microcosmos del proceso global. ¿Surgirá de la imposición de Estados Unidos o de su germinación en la profunda vida social del pueblo iraquí? Microcosmos del dilema central del siglo XXI que se jugará entre la globalización del capital multinacional realizada por el *establishment* o una mundialización por abajo a partir de una compleja gama que va de las identidades étnicas, nacionales y regionales, a la germinación de clases y fuerzas sociales mundiales. La metáfora o metonimia de los círculos sucesivos ilustra la disyuntiva entre los círculos concéntricos y centrípetos que parten del centro imperial y se extienden verticalmente a todos los confines del mundo o los círculos excéntricos y cen-

---

71. Los cronistas de la rebelión andina de 1791 señalan que Túpac Catari lanzó dicha profecía a sus verdugos.   72. Los chiítas han llamado a los sunnitas, cristianos y drusos a formar un gobierno de unidad nacional, al margen y en contra de EEUU, y, por lo menos en Bagdad, han realizado manifestaciones conjuntas con sunníes y cristianos.

trífugos que germinan de las distintas periferias –Medio Oriente,[73] Sudamérica, Mesoamérica, África subsahariana, el Magreb,
el Asia Central, China– y se ramifican, a la manera de un rizo-
ma, ascendente y horizontalmente, e interpenetran por todos
los rincones.

La Comunidad Andina entre el Plan Colombia
o la unidad andina y sudamericana

El nacionalismo que, en el marco de los movimientos anticolo-
nialistas y de liberación nacional, se desarrollara en Latinoamérica a lo largo del siglo XX, tuvo varios *momentos* en la
Región Andina, el último de los cuales se dio entre los 60 y
70,[74] llegando al ocaso con la crisis del 82 que abrió la década
perdida de América Latina y de casi todo el antiguo Tercer
Mundo.

El proyecto nacionalista, empero, se mantuvo en la subepi-
dermis. La crisis del modelo neoliberal lo ha hecho aflorar en

73. Los círculos de Irak se cruzan e impregnan con los que provienen de todo el Medio Oriente, en especial de Palestina e Irán. Palestina, crisol de la
conciencia moral de la humanidad y encrucijada de múltiples mundos; último
movimiento de liberación nacional del siglo XX y primero del siglo XXI;
nacionalismo laico e islamismo; escenario de encuentro de tres religiones;
genocidio israelí, kamikazes y niños de las piedras enfrentados al segundo
ejército del mundo; prueba de fuego de la *pax americana* e Intifada eterna.
Por otra parte, el pueblo iraní –otro de los ejes del *Triángulo del Mal*– ha producido uno de los mejores cines del mundo –Abbas Kiarostami es uno de los
grandes cineastas actuales y *El sabor de las cerezas*, una obra maestra–, una
rica plástica, ha desplegado una imaginación religiosa fundada en el sufismo
y ha logrado una relativa apertura del régimen del todopoderoso clero islámico –régimen que impulsa una política neoliberal– para desplegar la crítica
social: una de las películas más populares del cine iraní, *Los niños del cielo*,
muestra con extrema sutileza las grandes diferencias de la sociedad. A la vez,
los chiítas de la región no sólo han sido excluidos del poder sino que pertenecen generalmente a las capas pobres y explotadas. La revolución iraní puso
en movimiento esa inmensa reserva humana, primero en Líbano y luego en
Irak y, rebasando incluso los límites sectarios, se extendió a Palestina. El resultado de la confrontación de esos círculos con los que vienen del poder imperial bien puede ser la *palestinización* del Medio Oriente. 74. Los gobiernos
del general Rodríguez Lara y de Jaime Roldós en el Ecuador, la nacionaliza-
ción del petróleo en Venezuela, los gobiernos de Velasco Alvarado y Alan García
en el Perú, el del general Torres en Bolivia.

diferentes procesos: el derrumbe de Fujimori y las movilizaciones en Arequipa, la emergencia de los pueblos indios en Ecuador y su confluencia con una corriente de nacionalismo militar en el levantamiento del 21 de enero de 2002, la inesperada irrupción política de los movimientos liderados por Evo Morales y el *mallku* Felipe Quispe en Bolivia, el *motín* de febrero de 2003 que los sobrepasó, desbordando a todas las estructuras sindicales bolivianas. Ha sido en Venezuela, empero, donde ha cristalizado, en tanto alternativa concreta, bajo la figura polémica del coronel Chávez.[75]

El proceso presenta características nuevas. No son, como lo fueron en los 60 y 70, los partidos de izquierda ni las centrales sindicales, ni la guerrilla urbana y rural los protagonistas principales, sino una eclosión de fuerzas plurales que van desde los desocupados, los habitantes de ranchitos, las capas medias pauperizadas, hasta los campesinos y los pueblos indios. Son amplios movimientos surgidos por abajo y que han tendido a cobrar una vida política no separada de las organizaciones y de la dinámica social. Evo Morales y Felipe Quispe son indios aymará, y Chávez, un hombre de armas de claro origen popular y mestizo.

La presencia de los pueblos indios –y en menor medida de los afroamericanos– marca una de las peculiaridades del proceso en la Región Andina. Supervivientes de un orden colonial del cual no lograron emanciparse directamente, oprimidos y discriminados en las sociedades posindependentistas, los pueblos indios, en especial del Ecuador, emergieron en las últimas décadas de manera sorpresiva y con una enorme fuerza, postulando su diferencia cultural y epistémica y su exigencia de un orden multinacional e intercultural. A diferencia de etnias y

---

75. Allende las simpatías o antipatías que produzca, es obvio que Chávez cuenta con un enorme apoyo popular, organizado y militante. El fracaso del golpe militar de abril de 2002 fue obra de la movilización de los barrios populares y de la resistencia de miles de mandos medios, tropas y oficiales leales. Posteriormente, la poderosa huelga de los dirigentes empresariales, de la CTV y de los ejecutivos de la empresa petrolera estatal, PDVSA, fue derrotada por una estrecha alianza entre los círculos bolivarianos, trabajadores petroleros de base y de múltiples sindicatos y el Ejército. Ciertas medidas sobre la estructura agraria, la reforma de PDVSA y la política coyuntural para salir de la crisis evidencian a un gobierno reformista y popular.

culturas de otras latitudes,[76] rehusaron toda reificación de la identidad.[77] Surgidos en una atmósfera de izquierda, los pueblos indios de Ecuador y Bolivia –así como los zapatistas de Chiapas– han promovido alianzas políticas y una inteligente combinación de lo local, lo nacional y lo mundial,[78] niveles en los que han alcanzado una notable fuerza política.[79] Acusados de promover la desintegración de los países del área, los pueblos indios, en especial de Ecuador y Bolivia, fueron, por el contrario, los que la impidieron convirtiéndolos en Estados multiétnicos y espacios de circulación intercultural.

Hoy vivimos un complejo proceso de integración-desintegración. En Bolivia, Perú y Ecuador se extienden las protestas populares, las relaciones interculturales y el sentimiento de unidad, a la vez que Estados Unidos y Uribe pretenden desencadenar la violencia que desintegra a las sociedades y las enclaustra en el despotismo vertical del Imperio.

El fracaso histórico de los proyectos nacionales ha ampliado el horizonte del nuevo nacionalismo emergente a la región en su conjunto. Simón Bolívar promovió la Gran Colombia, la

---

76. En el África, hutus y tutsis, los distintos clanes somalíes, eritreos y etíopes viven la «histeria» de la identidad y una hambruna generalizada. En Ruanda y Burundi, los «sin derrota» tutsis o los «Intagohekas» (los que nunca duermen) hutus provocan verdaderas carnicerías. Sólo el extenuamiento del crimen y el hambre logra detener la masacre. En Afganistán, tadyicos, hazaras, pasthum y uzbecos desintegraron el país en exterminios mutuos. La antigua Yugoslavia explotó en pedazos y hoy siete repúblicas y tres republiquetas la sustituyen, luego de que serbios, croatas, eslovenos, macedonios, montenegrinos, serbio-croatas, serbio-musulmanes, serbio-bosnios y kosovares se masacraran entre sí. La globalización ha concentrado el poder en el Norte mientras *balcanizaba* el resto del mundo.   **77.** Quien ha sido pintado con fuertes tendencias integristas, el *mallku* Felipe Quispe, actual líder del katarismo boliviano, es quizá la figura emblemática de esa complejidad. Fundador del Ejército Guerrillero Túpac Katari (EGTK), propugna un «Estado de los trabajadores y la unión socialista de las naciones oprimidas», la Unión de las Naciones Socialistas del Qullasuyu.   **78.** El EZLN, cuya base son los pueblos indios de Chiapas, se arriesgó a organizar un Congreso Intergaláctico que fue el punto de partida del actual movimiento contra la globalización neoliberal.   **79.** En Ecuador han ganado múltiples alcaldías y prefecturas provinciales, en varias de las cuales las asambleas de comunidades, como entidad colegislativa, han logrado convertirlas en un ejemplo de eficacia y democracia participativa. Hoy forman parte del gobierno, aunque con muchas dificultades, dado el giro a la derecha del presidente Lucio Gutiérrez. En Bolivia, las votaciones de Evo Morales y Felipe Quispe en las últimas elecciones sumaron casi el 30% del total.

Federación de los Andes e Hispanoamérica, a modo de configuraciones sucesivas. De manera aún tímida, en la medida en que todavía no surge un sujeto político regional o subcontinental, es un discurso, una proclama y, en su nivel inmediato, una presión sobre los gobiernos para fortalecer la integración andina en primer lugar, luego los lazos ente ésta y el Mercosur, y la unidad de Sudamérica al final.

En Brasil, la resistencia al ALCA es masiva e incluye a amplios sectores de la burguesía interesados en continuar el proyecto industrial. Cardoso promovió la realización de dos encuentros de presidentes de Sudamérica. La crisis del modelo neoliberal y las nuevas condiciones políticas favorecen la tesis de una integración regional en torno a Brasil. El triunfo de Lula abre las puertas a una alternativa *sudamericana* frente al ALCA.

Samir Amin ha formulado la propuesta de un desarrollo del África subsahariana en torno a la Sudáfrica negra de Nelson Mandela convertida en locomotora.[80] Gaddafi tiene su propia propuesta en torno a la Mathaba. La creciente unificación política de los pueblos del Oriente Medio, el importante desarrollo de la sociedad iraní, el portentoso crecimiento de China y el menor, pero no menos significativo, de la India, presagian un curso mucho más complejo del mundo que el previsto en el proyecto de Estados Unidos. En estos días, junio de 2003, se ha formado el G3 entre Brasil, la India y Sudáfrica.

A la vez ha emergido una suerte de ciudadanía mundial en la cual los pueblos de la Comunidad Andina son uno de los actores centrales.

La humanidad como sujeto político

El *New York Times* señaló que las multitudinarias movilizaciones contra la guerra habían puesto en escena una nueva superpotencia, la opinión pública internacional.[81]

---

80. Se ha celebrado una primera reunión del conjunto de África que ha resuelto medidas en torno a la integración regional, incluido un Banco Central africano.   81. *Sui generis* manera de caracterizar un proceso político transfigurándolo en una categoría del orden democrático, con una fuerte connotación mediática.

El sistema universal de reproducción social, el cuarto gran momento de la historia, que debería engendrar a la humanidad en tanto sujeto cardinal, se ha ido convirtiendo en un Frankenstein incontrolable, el Catoblepas.[82]

Territorios excluidos, superconcentración *metropolitana* de los *upstream*-procesos,[83] desarrollo desigual, economías demasiado abiertas, otras demasiado poderosas para abrirse, crecientes brechas tecnológicas, extrema diferenciación del ingreso, cuatro o cinco mil millones de hombres que se vuelven innecesarios, excedentes, yapa, *jet-set* cosmopolita y repliegue étnico, génesis de un Estado planetario y disgregación política de la periferia, una fuerza centrípeta que amenaza abrir el agujero negro y a la vez un continuo *big bang* que rompe todo vínculo y disemina trozos y migas, apertura de una conciencia ecuménica y un hombre escindido y roto, perdido en una suerte de movimiento browniano y sostenido apenas por múltiples voces *otras* que lo descentran: el Catoblepas es verdaderamente un fenómeno.

En lugar de la construcción de la humanidad, la lógica económica y política de la valorización internacional del capital provoca la exclusión de miles de millones de hombres, la sobreexplotación del trabajo, la fractura de identidades complejas, los exterminios fratricidas. Hoy vivimos el antagonismo –sangrante, inhumano, cruel– entre el Catoblepas y la humanidad, entre la globalización y una mundialización auténtica.[84]

Desde la rebelión zapatista de 1994, la convocatoria al Primer Congreso Intergaláctico y la insurgencia de Seattle, la con-

---

82. Catoblepas, el animal mitológico descrito por Borges, es un símbolo múltiple: delirio del Uno Absoluto, Narciso sin el espejo y metáfora de la globalización que supone la hipertrofia del Norte (su inmensa cabeza) y la atrofia del Sur, el cuerpo y las piernas esmirriadas del monstruo. La cabeza, según la descripción de Borges, se derrumba sobre el lodo y se come los pies. **83.** Las nuevas ramas han provocado una nueva división del trabajo en el seno de las metrópolis. Kenneth Galbraith denominó a la informática y la aeronáutica *industrias industrializantes*. Conforman, junto a la electrónica, lo que Constantine Vaitsos designó como los *upstream*-procesos y que elaboran la tecnología de punta que gobierna todo el tejido económico planetario. En un segundo nivel, los *downstream*-procesos –industrias automotriz, química, metalmecánica, textil–, consumidores del *know how* de los primeros que les sirve para centralizar las funciones de gestión y gobierno en las casas matrices, son las que tienden a desplegarse por toda la tierra y constituyen el eje central del capital multinacional. **84.** Ver Alejandro Moreano, *op. cit.*, pp. 424-425.

tradicción entre la valorización del capital y la génesis de la humanidad se expresa en la oposición entre el actual imperio en gestación y la rebelión de los excluidos.

Las marchas del 15 de febrero que reunieron a 40 millones de personas en Europa y a cerca de 60 millones en todo el mundo, fueron acordadas en el III Foro de Porto Alegre, reunión mundial de los *excluidos*. Es el acontecimiento histórico fundamental de la presente etapa y abre el horizonte de una historia realmente universal.

Las metamorfosis de la lucha social son múltiples. La energía del 15 de febrero y de la batalla contra la invasión se transfigurará en presión política sobre los gobiernos europeos, en una eventual *palestinización* del Medio Oriente y una unificación popular e intercultural de la Región Andina, en el fortalecimiento de los movimientos sociales del mundo, en nuevas y mayores marchas contra la globalización y la cruzada perpetua de EEUU. Y en aquello que Jameson proponía como *cartografía cognitiva,* un nuevo sujeto mundial dotado de una conciencia ecuménica capaz de enfrentar el reto de Otro Mundo Es Posible.

Frente a esa perspectiva, el discurso único y la *pax americana* parecen resquebrajarse y el nuevo orden mundial es cada vez más desorden: la tierra le viene demasiado grande a Estados Unidos.

7. GUERRA INDEFINIDA
Eduardo Subirats

De pronto, cuando menos podía esperarse, en una aldea global fascinada por la caída del muro de Berlín y el final de la guerra fría, estallaron nuevas guerras: las guerras del nuevo siglo. Todas ellas estaban relacionadas directa o indirectamente con los desequilibrios políticos y militares que la desintegración de los regímenes comunistas de Europa oriental y Rusia había provocado globalmente. Una tras otra, estas guerras se ponían en escena como instrumentos de un renovado orden político internacional, bajo la hegemonía ejemplar de una superpotencia mundial única: los Estados Unidos de América. La guerra del Golfo Pérsico, Somalia, las sucesivas guerras de los Balcanes, las dos guerras del Cáucaso, las guerras sin nombre y de baja visibilidad mediática contra guerrillas y disidencias políticas en África, Asia y América Latina... Todas ellas se legitimaban como la puesta en escena de un nuevo equilibrio planetario que dejaba a sus espaldas las tensiones psicológicas, sociales y políticas de un sistema internacional bipolar, sostenido bajo el principio disuasorio de una guerra nuclear indefinida, capaz de eliminar la vida del planeta. Política y militarmente estas guerras han pretendido articular un nuevo sistema descentralizado de poderes regionales, un renovado ideal de civilización universal en torno a los valores del libre mercado y la integración electrónica del planeta, una expansión ilimitada del poder tecnológico y un limitado concepto de democracia.

Formalmente, la legitimación de las guerras en nombre de un orden político virtualmente perfecto que las trasciende no es precisamente nueva. La segunda Guerra Mundial o, más exactamente, su culminación con las bombas nucleares de Hiroshima y Nagasaki, se estilizaron como el acto de nacimiento de un nuevo Estado mundial llamado a abrazar los valores de la democracia, la igualdad social y la paz. Pero precisamente la guerra fría, consecuencia de la rápida adquisición del potencial destructivo nuclear por el sistema político rival, el de la Unión Soviética, puso de manifiesto el carácter quimérico de una paz mundial bajo la hegemonía de un único poder universal o global, y bajo la amenaza de la destrucción global de la humanidad. Y si estas guerras de transición al nuevo siglo XXI han puesto algo de manifiesto no es tanto la aparición de equilibrios nuevos, como las tensiones sociales, económicas y militares que la guerra fría sólo pudo congelar, pero en modo alguno resolver, bajo el chantaje universal del holocausto nuclear. Las guerras del nuevo siglo sólo pueden comprenderse como la directa continuación de las guerras regionales que, desde el lanzamiento de las primeras bombas atómicas, se han sucedido ininterrumpidamente en Asia, África y América Latina. Y constituyen la más clara expresión del mismo desequilibrio económico, social y político que existía bajo la tensión bipolar de los superestados nucleares.

En términos filosóficos e histórico-culturales, las guerras modernas pueden definirse con una metáfora militar que justamente configuró de manera central la conciencia de la cultura moderna del siglo XX: han sido las vanguardias de la civilización. Estas guerras constituyen una vanguardia de la civilización capitalista porque son la expresión más avanzada de sus tecnologías, de sus poderes políticos y de sus normas morales, aunque «avanzado», aquí lo mismo que en la interpretación filosófica de la historia moderna, no entrañe precisamente una valoración moral positiva, sino más bien todo lo contrario. Son la vanguardia histórica de una civilización como la nuestra, la llamada civilización moderna que, desde la era de las cruzadas y las conquistas, ha cristalizado en torno a objetivos religiosos y tecnológicos, económicos y políticos de expansión agresiva y dominio planetario ilimitados.

La guerra del golfo Pérsico comenzó en 1991 como una guerra llamada a construir una civilización global en este mismo sentido y no sólo porque se anunciase propagandísticamente como el principio de lo que no ha sido: un Nuevo Orden Mundial. Ciertamente, no construyó ningún orden, pero en cambio se convirtió en un verdadero paradigma tecnológico y mediático de las guerras por venir. Fue, en primer lugar, una guerra de simulacros y *gadgets high-tech*, que, por primera vez, empleaba las redes electrónicas de la «segunda corteza cerebral planetaria», tanto en sus estrategias de destrucción, como de representación mediática y propagandística. En segundo lugar, esa guerra, y en una medida todavía más espectacular las guerras de los Balcanes que le siguieron, exhibían retóricamente, junto a sus iconos científico-técnicos, unos objetivos estrictamente humanitarios. Sus fines aparentes eran liberar un territorio ilegalmente ocupado, evitar genocidios, poner fin a la violación masiva y planificada de mujeres, proteger minorías étnicas y religiosas, restaurar la sociedad civil o imponer la democracia. Las guerras del Golfo, de Kosovo, incluso la de Chechenia, y finalmente las de Afganistán e Irak, se han estilizado como medidas radicales en defensa de la humanidad.

Esta definición humanitaria de las nuevas guerras ha sido congruente, por otra parte, con la representación de sus estrategias militares. Tanto en el golfo Pérsico como en los Balcanes se pusieron en escena sendos guiones de guerras limpias, guerras de aparatos contra aparatos, en las que la destrucción militar procedía con arreglo a metáforas quirúrgicas y clínicas cuyo último significado era la salud de un cuerpo enfermo. Fueron guerras en las que no aparecían otras víctimas que las causadas por indeseados errores técnicos. La retórica clínica e hipertecnológica de estas conflagraciones llegó a ocultar y trivializar su capacidad letal efectiva, que en modo alguno era inferior a las dos precedentes guerras mundiales. Es cierto que los misiles guiados y los bombardeos estratégicos han transformado la representación mediática de la destrucción militar tardomoderna en relación con las *zone bombing* de la segunda Guerra Mundial. Las modernas tecnologías de destrucción, al igual que las modernas estrategias comerciales de comunicación y consumo, son más específicas y eficaces en cuanto a sus respectivos objetivos. Y su destrucción masiva a mediano y a largo plazo es también más duradera, puesto que sus materiales nucleares y sus sustancias químicas y biológicas poseen efectos devastadores irreversibles sobre los sistemas ecológicos. Pero son menos visibles.

A diferencia de la segunda Guerra Mundial, los bombardeos urbanos de estas guerras no cuentan sus víctimas por decenas de miles. Sólo que su proceso destructivo individualizado no impide sino que, al contrario, comprende dispositivos industriales y sistemas de comunicación cuya eliminación ha tenido consecuencias letales masivas a mediano y largo plazo sobre la población civil e incluso sobre los propios soldados. Las víctimas infantiles de la primera guerra contra Irak por enfermedades epidémicas, leucemias y cáncer, tras la exposición a la radiación nuclear, se han calculado en centenares de miles. Se trataba, eso sí, de una letalidad de efectos retardados y baja visibilidad mediática: contaminación ambiental, patologías genéticas, desequilibrios económicos irreversibles, destrucción de medios agrícolas de subsistencia...

En el golfo Pérsico, lo mismo que en las estrategias de guerra total de las pasadas guerras mundiales, la función política de las armas fue reducir una civilización a cenizas y eliminar en la medida de lo posible las formas de integración de la sociedad civil para imponer la supremacía absoluta de las corporaciones y sus políticas de expolio. El bombardeo masivo de Bagdad en 2003, el ataque contra las centrales eléctricas y los depósitos de agua, contra hospitales y zonas urbanas, el cierre de las vías de acceso por las que la población civil pudiera ponerse a salvo del asedio militar, y el bombardeo de los centros de información independiente, han cerrado el cuadro perfecto de una verdadera estrategia genocida.

Pero no es su capacidad técnica de destrucción crecientemente eficaz la que ha otorgado a estas guerras su distinción histórica, a pesar del esfuerzo de los medios de comunicación globales por presentarlas como guerras inocuas o como sistemas de destrucción aséptica. Ni tampoco el despliegue de armas de una destrucción llamada *inteligente*. Lo más significativo en estas guerras ha sido la representación mediática de la destrucción como verdadera construcción civilizatoria. La Guerra Global moderna se define políticamente como aquel sistema de destrucción masiva necesario para implementar el desarrollo económico corporativo a lo ancho de vastas operaciones de reconstrucción urbana, económica e institucional. Una reconstrucción que comprende la reestructuración a gran escala de las economías y sociedades invadidas y su subordinación estructural al sistema político invasor. El mismo concepto de reconstrucción que define el imperialismo colonial clásico.

La redefinición posmoderna de este colonialismo añade, con todo, una peculiaridad. De Paracelso a Walter Benjamin, la crítica de este imperialismo esgrimía como último argumento sus vastos campos de destrucción, muerte y desolación en los que nunca ha podido asentarse ningún orden humano. Isócrates decía del poderío de Roma: «Eso que llamáis Imperio es una calamidad». Luis Vives criticó el colonialismo cristiano porque sus vastos dominios no eran más que un paisaje de expolio: «¿Qué es la creación de un gran imperio sino amontonar materiales para una gigantesca ruina?»[1] Las agencias militares y financieras de la Guerra Global corroboran esta sentencia. Proclaman directamente la destrucción masiva de sistemas urbanos o ecológicos como fines civilizatorios porque constituyen precisamente el medio de prolongar un concepto de desarrollo a través del endeudamiento financiero, la dependencia política y el expolio de los recursos naturales como eslabón final de esta cadena de significados. Destrucción como desarrollo, guerra como medio de civilización, desesperación como liberación.

La representación mediática de estas guerras como conflagraciones entre dispositivos técnicos con objetivos humanitarios, que además se regulan con arreglo a principios de derecho internacional y obedecen a una intachable defensa de los derechos humanos, la democracia y la libertad, las ha transformado en una finalidad por derecho propio. Las guerras globales se presentan como expresiones de un orden histórico cumplido y jurídicamente formalizado, con independencia de la magnitud de su acción devastadora. En Bagdad se eliminó un potencial de destrucción masiva supuestamente único en las sucesivas campañas de su bombardeo y efectiva destrucción masivos. En Kosovo se habría restablecido la sociedad civil con misiles inteligentes. Los ataques a objetivos terroristas, lo mismo si se trata de arruinados campesinos colombianos, de pueblos kurdos sometidos a décadas de persecución etnocida, o de las aldeas de Afganistán asoladas por el militarismo soviético, consiste asimismo en eliminar amenazas a la paz global. Lógicamente este modelo de guerra civilizada y civilizatoria no se aplica a todas las guerras. Precisamente por constituir una vanguardia tecnoindustrial y mediática, y porque se pretenden globales y racionalmente funcionales, las nuevas guerras globales se tie-

---

1. Juan Luis Vives, *De la concordia y de la discordia* (Madrid, Ediciones Paulinas, 1977), p. 267.

nen que distinguir simbólicamente, como buenas y limpias, de las guerras tradicionales y arcaicas, o simplemente de las del enemigo tecnológicamente atrasado, que son guerras brutales y sucias y por consiguiente moral y jurídicamente ilegítimas. Es la Guerra Global de la superpotencia rica contra el terrorismo suicida como última arma de los pueblos arrojados al expolio, la ocupación y el exterminio.

Las guerras de Chechenia, Ruanda, Afganistán e Irak brindan todavía otro aspecto significativo. Son guerras tradicionales de colonización, ligadas directamente a la apropiación multinacional de fuentes energéticas, de reservas acuíferas o de biodiversidad. Pero se maquillan regularmente como guerras tribales, étnicas o etnorreligiosas porque sus formas de extorsión eligen víctimas que no son ni blancas ni cristianas. Son asimismo guerras sucias las guerras regionales que siguen asolando amplias regiones amazónicas, el centro de África y el sudeste asiático, siguiendo estrategias explícitamente criminales que envuelven al mismo tiempo ecocidios y genocidios. Pero los propios medios de comunicación, asociados a las fuerzas globales que las alimentan, las presentan programáticamente como guerras mediáticamente invisibles. Son las guerras que no deben mirarse.

La guerra de Colombia constituye un verdadero paradigma en este sentido. Se legitima en la aldea global como estrategia preventiva contra un consumo de cocaína que, en los países más industrializados en los que se origina como un fenómeno cultural de amplísimas y trivializadas causas, genera también sus más altos dividendos. Pero contra el más elemental principio del neoliberalismo económico que patrocina estas guerras, lo que ellas combaten no son sus centros de consumo y financiación en el Primer Mundo, ni siquiera las propias industrias químicas norteamericanas que suministran los productos químicos indispensables para su elaboración industrial. Por el contrario, se ataca a los campesinos indígenas, que han cultivado la coca a lo largo de milenios por sus propiedades curativas y para usos religiosos. La fumigación militar y paramilitar de la selva con productos tóxicos ilegales, que destruyen el ecosistema amazónico al diseminarse por las aguas y que, no en último lugar, tienen efectos letales sobre sus habitantes, se lleva a cabo como parte de un paquete de medidas mercenarias que comprenden, al mismo tiempo, la tortura, las violaciones y el asesinato a escala masiva. Desde el comienzo de la guerra fría, que inauguró estas estrategias bajo los auspicios del ejército regular colombiano y de una serie de gobiernos corruptos y todopoderosas corporaciones, estas tácticas han cobrado millones de víctimas, entre muertos y desplazados.

Pero a su vez, las masas de indígenas desarraigadas y movilizadas alimentan, en Colombia lo mismo que en Centroamérica, México y los propios Estados Unidos, los procesos secundarios de las industrias multinacionales instaladas en estas mismas regiones, las llamadas *maquilas*, con una fuerza de trabajo esclava o semiesclava. Esta guerra genocida ha liberado además grandes extensiones territoriales de selva no colonizada, inmensos territorios nunca antes penetrados por el capitalismo, ni en el período virreinal ni en el poscolonial, para megaproyectos industriales financiados por los bancos mundiales, así como para las grandes empresas de extracción petrolera. Y ha generado inmensas riquezas. Las autoridades militares norteamericanas tampoco desmienten que la asociación de la guerra química con la guerra sucia no ha disminuido la producción de hoja de coca, cuyos beneficios ilegales nutren al mismo tiempo un tráfico internacional de armas oficialmente amparado. El círculo se cierra. El trafico criminal de drogas alimenta el tráfico semilegal de armas, y éste, a su vez, abre las puertas a la proliferación de una violencia caótica a lo ancho de la región, que tiene consecuencias devastadoras para sus precarias economías y sus frágiles comunidades, pero que genera incalculables beneficios para los corruptos sistemas políticos y financieros que la gestionan, ya sea a escala local o en un ámbito global.

Ese diseño de estas guerras como acción civilizadora o pacificadora significa que no son una extensión de la política, ni tampoco tienen que legitimarse como un medio, según la ilusión clásica de la teoría militar de Von Clausewitz. Estas guerras son fines en sí mismos. Están concebidas como momentos sistémicos de un cumplido orden mundial basado en la violencia, basadas en una escalada precisamente sin fin de la violencia. Y están dotadas en sí mismas de un orden tecnológico, jurídico y moral que las justifican, no importa si la magnitud de su destrucción masiva comprende una zona de futuras inversiones de la industria energética, la ocupación militar de una región globalmente estratégica o la eliminación de la resistencia de pueblos enteros política y económicamente reducidos a la categoría de masas humanas desechables.

Las guerras globales son en sí mismas fuerzas civilizadoras porque son inseparables de un proceso global de expansión territorial capitalista, de desarrollo tecnológico y liberación de fuerza de trabajo semiesclava, en las fronteras con culturas históricas milenarias. Son civilizatorias porque instauran, a la vez que extienden, el poder de la civilización posindustrial, sin que ello signifique el establecimiento de un orden cultural en sus campos de ruinas. Son guerras sistémicas. Por eso son guerras no limitadas a un espacio definido y a un tiempo finito. Carecen de principio y no tienen fin.[2]

De ahí que no sea preciso declararlas. Han sido perfectamente trivializadas a través de los medios de comunicación. Jurídicamente son limpias y legales. Sus necesarias consecuencias se presentan retóricamente como *daños colaterales*. Los medios han transfigurado la tortura, la violación y el exterminio masivos que llevan consigo como lo absolutamente irremediable e irrepresentable. Estas guerras entrañan un principio de modernización y de progreso en la era del ocaso del progreso y la modernidad, incluso, o precisamente, para aquellas culturas que no han sido sometidas todavía al tecnocentrismo posmoderno. No en último lugar, sus estrategias difusas, descentralizadas y de baja visibilidad intercambian sus signos con las acciones policiales militarizadas contra la resistencia civil democrática. Mientras las nuevas guerras globales son concebidas como

2. La palabra «civilizatorio» no está aprobada por la Real Academia de la Lengua Española. Tampoco ha existido hasta aquí una reflexión crítica sobre este concepto en el medio de esta lengua. Es un germanismo. Plantea el conjunto de factores religiosos, epistemológicos, técnicos, estéticos y militares que convergen en el nacimiento y expansión de la civilización en un sentido estricto: la civilización cristiano-científica, la civilización moderna e industrial o la «civilización» simplemente. Utilizo esta categoría en clara controversia contra el reduccionismo de los *Cultural Studies* norteamericanos de estos fenómenos a expresiones performáticas de un concepto de cultura reducido a las unidimensionalidades de un sistema de representación. Esta categoría ha permitido apantallar los reales procesos de violencia y destrucción coloniales de ayer y de hoy bajo las estrategias de su representación performáticamente correcta, y de reducir la crítica política a una semiótica de sus expresiones icónicas y textuales.

acciones policiales de limpieza a gran escala, muchas operaciones de vigilancia policial urbana adoptan verdaderas estrategias de guerras convencionales (las guerras de Kosovo y Chechenia se definieron como acciones policiales y el ataque contra las protestas civiles de Seattle utilizó armas químicas mediáticamente presentadas como gases «lacrimógenos»).

Las guerras del nuevo siglo son globales por la magnitud de su proceso de destrucción y reconstrucción, concebido bajo la forma de megaempresas tecnológicas e industriales, militares y financieras. Son globales en el sentido de que son concebidas como estrategias corporativas transnacionales, constituyen campos experimentales de tecnologías de vanguardia y vinculan la destrucción selectiva y masiva de los sistemas de producción y reproducción sociales con las subsiguientes estrategias financieras de recapitalización, desarrollo industrial e inserción en el sistema del mercado mundial. Y son guerras globales porque sus redes electrónicas de comando y destrucción coinciden, tanto tecnológica como administrativamente, con los sistemas de comunicación de la aldea electrónica.

Este último aspecto merece una atención especial. La guerra del Golfo inauguró las escenas de bombardeos a través de los aparatos de video con rayos láser instalados en los propios misiles. Los bombardeos de Belgrado reiteraron el mismo principio. Ello significaba una revolucionaria unidad estructural de las técnicas de destrucción y de reproducción visual: la cumplida síntesis futurista de guerra y espectáculo. Era la perfecta definición mediática de una visión integralmente deshumanizada del espectador en el interior del sistema técnico de destrucción. La construcción de nuestra mirada a partir del aparato de destrucción técnica suponía, al mismo tiempo, su completa subjetivación bajo las normas performáticas del comando militar. Por eso era imposible construir una experiencia de esta guerra que no estuviera prefigurada técnicamente por el aparato de destrucción o por su control institucional (la única alternativa mediáticamente organizada era un pacifismo banal o la propaganda fascista del gobierno de Bagdad). Bajo esta constelación epistemológica se configuró el modelo de las guerras globales en la edad del «final de las ideologías».

Históricamente el concepto de guerra total está ligado a la extensión espacial indefinida de la guerra tradicional de frentes, gracias al desarrollo industrial de la artillería de largo alcance, la guerra aérea y la guerra de misiles. Su cenit coincidió con los bombardeos masivos de ciudades como Guernica, Chong Quing, Rotterdam, Hamburgo, Dresde o Tokio a lo largo de la segunda Guerra Mundial, con un balance de cientos de miles de víctimas civiles. Hiroshima y Nagasaki significaron la coronación provisional de estas estrategias de exterminio masivo. Pero, consideradas en su conjunto, las guerras de la nueva era arrojan un balance destructivo aún más brutal. La guerra de los Balcanes ha brindado ejemplos tan terroríficos a este respecto como las guerras llamadas étnicas en África, o las confrontaciones entre fuerzas militares y paramilitares, la guerrilla y el narcotráfico en América Latina. La guerra de Chechenia ha significado la síntesis cumplida de la brutalidad inherente a la limpieza étnica y el genocidio a gran escala, perpetrados en los Balcanes o en Ruanda, y la *guerra de las galaxias* escenificada sobre el golfo Pérsico o Serbia, y en esta medida es expresión culminante de las nuevas guerras globales. Afganistán supone un paso más allá: la síntesis del espectáculo y de la censura total, la redefinición de la guerra como operación tecnológica indefinida tras los bastidores de un control totalitario de la opinión pública. La aniquilación de Bagdad es la apoteosis de esta síntesis de guerra genocida con bombas de fragmentación y misiles de uranio empobrecido, y una guerra sucia a gran escala, cuyas víctimas han sido absolutamente silenciadas por los mismos aparatos de censura informativa que han dirigido su destrucción militar. El crimen perfecto contra la humanidad.

La dimensión espectacular que legitima a estas guerras no se limita a la gratificación estética inmediata de sus escenarios de violencia, a las expresiones catárticas del horror o a las funciones didácticas de la brutalidad criminal de los poderes tecnológicos y militares tardomodernos. Su estetización mediática permite sobre todo transformar la actitud de la masa electrónica frente a ellas y ocultar tras sus pantallas los verdaderos dilemas y peligros que hoy atraviesa esta humanidad mediáticamente aterrada y sitiada. Una transformación de las actitudes del espectador, que ha permitido su apoyo ciego, entusiasta y masivo, en muchos casos, como en las guerras de Afganistán y de Irak.

A lo largo de la guerra fría, la disuasión nuclear llegó a eclipsar bajo la magnitud inimaginable de su potencial destructivo técnicamente posible las guerras de alcance regional e incluso intercontinental. Mientras los dos megaestados atómicos rivales concentraban sus energías en el almacenamiento de ojivas nucleares, esta virtual inviabilidad de la guerra nuclear constituía precisamente su gran coartada. Bajo su principio se negoció una serie ininterrumpida de guerras altamente letales, de las cuales la guerra de Vietnam sólo es un ejemplo emblemático.

Pero si la estrategia de disuasión nuclear no consiguió poner un límite a las guerras regionales ni a los genocidios en Asia, África y América Latina, lo que sí logró, en cambio, fue un consenso generalizado que garantizaba que en el futuro las guerras tradicionales de destrucción masiva resultarían enteramente impracticables. Las guerras del nuevo siglo han invertido claramente esta relación. No solamente han puesto de manifiesto que guerras de destrucción masiva, como las del golfo Pérsico y Chechenia, son posibles bajo el sistema de disuasión nuclear, sino que también han familiarizado a la audiencia mediática con la necesidad de un estado global de guerras regionales descentralizadas y difusas. Al mismo tiempo, estas guerras han puesto de manifiesto su holgada capacidad técnica para mantener electrónicamente acuartelada a la masa humana de la aldea global en un estado de perfecta ataraxia y pasividad, o bien de movilizarla discrecionalmente en torno a las imágenes mediáticas de la guerra, ya sean humanitarias, racistas, nacionalistas o integristas. La agitación propagandística del régimen nacionalista serbio contra la población islámica de los Balcanes, y la pasividad de la audiencia electrónica europea frente al genocidio y destrucción persistentes de Sarajevo fueron la desoída advertencia de las guerras que efectivamente le siguieron. La movilización mediática de millones de humanos en la celebración del fin del milenio, en una perfecta sincronización de ciudades emblemáticas, iconos comerciales y sistemas electrónicos de control, coincidiendo con un momento culminante de la guerra total sobre Chechenia, señala un modelo de escarnio, concentración y movilización de la masa electrónica a escala planetaria de explícitas implicaciones totalitarias. La propaganda total que ha permitido la destrucción de Irak bajo una performateada pasividad civil e intelectual posmoderna señala un hito final, tan criminal en sus consecuencias como obsceno en sus medios.

Pero el espectáculo de las nuevas guerras posee todavía una penúltima función: la putrefacción política y la desolación humana globales que se ocultan tras sus pantallas acompañan ciegamente una expansión del armamento nuclear y de nuevas tecnologías de destrucción masiva. Es notable a este respecto que la memoria mediática haya borrado casi por entero, a comienzos del siglo XXI, lo que constituyó el momento más esperanzador de la *perestroika* y la *glasnost*, su principal legitimación desde una perspectiva internacional: la desarticulación de uno de los aparatos militares más letales de la historia de la humanidad, que supuso entonces la posibilidad de un desmantelamiento nuclear total a escala global y, por ende, el punto final al chantaje de los Estados atómicos contra la humanidad bajo la amenaza de un holocausto planetario. No se trata de que la transición democrática en Rusia fuese un objetivo menor o secundario con respecto a la desarticulación de su sistema militar. El problema era más grave: bajo la hegemonía de la maquinaria militar, del *gulag* y el *Estado atómico*, era –y es– impensable la construcción de un sistema político democrático, en Rusia o en cualquier otro lugar del planeta.

Al llegar al final del siglo recién terminado hemos visto burladas todas estas esperanzas. Las transiciones democráticas en el Tercer Mundo han sido seriamente limitadas, cuando no eliminadas por la corrupción política, la militarización de conflictos sociales y la extensión de la pobreza letal a escala de un verdadero genocidio macroeconómico de baja visibilidad. En lugar de la prometida congelación del armamento nuclear, la apertura de un mercado negro internacional de uranio enriquecido y plutonio y de técnicos y tecnologías biológicas de devastación ecosuicida se ha convertido en un hecho tan sólidamente afianzado como los mercados ilegales de narcóticos y de armas convencionales. En torno a esta economía sumergida de la muerte se han creado nuevos Estados nucleares, como Israel, Corea del Norte, India y Pakistán, seguidos a pocos pasos por Irán.

El chantaje planetario del holocausto nuclear no ha sido eliminado de la historia humana por el solo hecho de que sus signos visibles hayan sido borrados de las pantallas. Ha experimentado, eso sí, dos importantes modificaciones. Por un lado, se han sofisticado técnicamente los dispositivos balísticos y antibalísticos intercontinentales. Al mismo tiempo, el potencial de destrucción y de contaminación nucleares ha sido diseminado a lo ancho de redes comerciales y militares más amplias, descentralizadas e incontrolables. Las bombas de Hiroshima y Nagasaki no anunciaban el final de las guerras, como pretendían sus agentes políticos y su burocracia tecnocientífica. Más bien ha significado su generalización, la transformación de la civilización posindustrial en un estado de guerra permanente: el peligro anunciado por los primeros críticos del proyecto Manhattan y del Estado nuclear.[3]

3. Robert Jungk, *Der Atom-Staat: vom Fortschritt in d. Unmenschlichkeit* (Munich, Kindler, 1977).

8. EL MUNDO NO ES UNA MERCANCÍA

Adolfo Gilly

El 20 de septiembre de 2002 el presidente George W. Bush dio a conocer al Congreso de Estados Unidos un documento titulado «Estrategia de seguridad nacional». Tiene treinta páginas a renglón cerrado. En el centro mismo de dicho documento sobre estrategias y acciones militares aparece enunciado un «principio moral». Ese principio se presenta como la motivación profunda de la empresa bélica global que Estados Unidos comenzó con las guerras de Afganistán y de Irak. Dice así el texto:

> El concepto de libre comercio surgió como principio moral aun antes de convertirse en un pilar de la economía. Si uno puede hacer algo que otros valoran, debe poder vendérselo. Si otros hacen algo que uno valora, debe poder comprárselo. Ésta es la verdadera libertad, la libertad de una persona o una nación para ganarse la vida.

A continuación, el documento enuncia cuál es la estrategia global de Estados Unidos para promover el libre comercio. En otras palabras, estrategia militar y estrategia comercial son una. Ambas se sustentan y encuentran su razón de ser en un principio fundante: comprar y vender, vender y comprar.

Es coherente, al menos en esto, el presidente Bush. Detrás de toda guerra verdadera es necesario un principio moral, real o imaginado, que la justifique en la conciencia de quienes van a combatirla. En la segunda Guerra Mundial, un bando hablaba de democracia, el otro de la pureza racial y del espacio vital. El presidente Bush ha dicho cuál es el sustento moral de esta guerra global que apenas comienza: extender el mundo regido por el puro intercambio de mercancías, extender sin cesar las relaciones mediadas por el dinero como la forma natural y única de las relaciones humanas, extenderlas a todo el tiempo y todo el espacio disponibles o imaginables, destruyendo o subordinando a ellas toda otra relación entre humanos: afectiva, familiar, laboral, cultural, intelectual, comunitaria, nacional, internacional.

El principio que anima a la guerra global del Pentágono es exactamente el opuesto de aquel bajo el cual, en vísperas de la guerra, 100 000 seres humanos, enviados o respaldados por organizaciones y movimientos que suman millones, vinieron a reunirse en Porto Alegre. Este principio, muy antiguo, está en la esencia de todos los códigos morales que las civilizaciones destilaron a través de los tiempos: «El mundo no es una mercancía».

Los intercambios mercantiles son parte inmemorial de las relaciones humanas. Pero nunca han sido su razón de ser, su realidad y su esencia, como sucede en el mundo del capital, donde las relaciones entre cosas sustituyen a las relaciones entre humanos. El mundo no es una mercancía, la humanidad no es una cosa, la solidaridad y la vida de cada ser humano están primero.

Escribía el historiador británico E. P. Thompson:

> Una de las mayores ofensas contra la humanidad cometida por la sociedad de total libre mercado, y por su ideología, ha sido precisamente definir todas las relaciones sociales decisivas como «económicas», y reemplazar los lazos afectivos por los más impersonales pero no menos compulsivos lazos del dinero.

Una pequeña, poderosa y muy armada minoría cree en el libre comercio como principio moral de su guerra global. Pero los demás, miles de millones esparcidos por el mundo, creen en los afectos, en las solidaridades, en la preservación y reproducción del mundo de la vida, en poder trabajar en paz, en ser libres para alcanzar a ser lo que quieren ser y creer en lo que quieran creer, y no para llegar a vender cuanto puedan vender y a comprar cuanto puedan comprar.

A este enfrentamiento entre dos mundos hemos llegado: el mundo del libre mercado, de la ganancia, de la atroz desigualdad y de la soledad del individuo, y el mundo de la vida, el de los seres humanos. No se presenta, como en las dos guerras mundiales y en la mal llamada «guerra fría», como un enfrentamiento entre naciones o alianzas de naciones. Hay un solo bando dueño del poder estatal y del mayor y más sofisticado arsenal de armas de destrucción masiva, el bando cuyo pivote militar y económico es Estados Unidos.

No hay, en sentido militar, un bando opuesto, como no lo hubo en la conquista de América y en todas las guerras coloniales que hasta hoy la siguieron. Hay, eso sí, otro mundo que resiste, se defiende, se enfrenta y sigue reproduciéndose. Es el de los seres humanos, sus comunidades, sus afectos y sus creencias, el mundo de la naturaleza como patrimonio común y como parte del cuerpo colectivo. Es el antiguo mundo de la vida al cual también pertenecen, como productos propios de ese mundo y no como sus amos, las complejas redes de los intercambios globales, las antiguas culturas que el tiempo ha destilado y las deslumbrantes invenciones de la modernidad.

A este enfrentamiento, repito, hemos llegado. Por un lado, el mundo de las cosas en tanto mercancías que rigen y subordinan los intercambios vitales a su ser inanimado, el mundo del tiempo cosificado, homogéneo y enajenado; por el otro, el mundo de la vida que no está en el mercado y no reconoce al libre comercio como principio rector de la existencia humana, el mundo del tiempo cualitativo, fluyente y reapropiado.

No se trata de ningún choque de civilizaciones. Se trata del desborde anómalo de la modernidad capitalista, la primera sociedad en la historia humana que, bajo la forma de mercancías, vende el agua, vende los volcanes y sus nieves eternas, vende la sustancia de la vida, vende los bosques, los mares, las tierras y toda y cualquier actividad humana. Es lo que, a la mitad del siglo XX, Karl Polanyi llamó la utopía perversa del mercado que se regula a sí mismo y, a partir de allí, fuera de todo control, intenta regular, cosificar y dominar las vidas, los bienes, los afectos y los sueños.

Es este un enfrentamiento entre dos mundos profundamente dispares. Uno tiene todas las armas y todo el trabajo muerto trasformado en capital, el trabajo pasado acumulado en sus capitales y sus mercancías. El otro, en cambio, tiene todo el trabajo vivo, el trabajo presente que es producto de la vida y su productor al mismo tiempo.

No está dicho que el mundo cosificado del capital, de sus intercambios y de sus armas sea, finalmente, el más fuerte. Pues este mundo nuestro está lleno de gente, muchísima gente, miles de millones cuyos principios morales y cuyas razones existenciales nada tienen que ver con el delirio perverso de una sociedad planetaria regida, en nombre de una abstracción mercantil, por un Estado financiero-militar –Estados Unidos, el Pentágono– depositario universal del monopolio de la violencia legítima y de todas las armas nucleares y biológicas de destrucción masiva.

Este delirio es lo que está en esbozo en el documento «Estrategia de seguridad nacional» y en fase práctica inicial en las dos primeras guerras del siglo XXI lanzadas en su nombre. Se trata del producto más reciente de ese imaginario totalitario del capital que en la Alemania hitleriana, aquella que conquistó Europa e iba dominar el mundo, engendró la «Solución Final» y la catástrofe final del Tercer Reich.

Es un delirio solitario. Estados Unidos, el país materialmente más poderoso, tiene muchos aliados y vasallos. Es, sin embargo, el país más solo del mundo, más desesperada y peligrosamente solitario en las fantasías de justicia infinita y potencia infinita de su élite gobernante y de sus clases dirigentes.

Este esbozo inicial de guerra global se nos presenta como el desenlace natural de la historia del siglo XX y como el punto de llegada de su segunda mitad iniciada al final de la segunda Guerra Mundial. En las historias estatales, esta época ha sido llamada la «guerra fría». En las historias guardadas en las memorias innumerables de los seres humanos ha quedado, en cambio, como la época de los movimientos y las guerras de liberación nacional en los países coloniales; de las luchas de organización y conquistas sociales en las metrópolis y las naciones independientes; y de los movimientos de los pueblos por las viejas divisas de la libertad y la igualdad en los Estados que usurparon el nombre del socialismo.

Nadie, nunca, en esas multitudes de gente del común que poblaron esa segunda mitad del siglo, levantó como estandarte de sus causas la divisa del «libre comercio». Se limitaron a seguir practicándolo en sus mercados, como lo hacían desde tiempo inmemorial. A ninguno se le ocurrió nombrarlo como el decimoprimer mandamiento de la ley de Dios.

Me pidieron que trajera un testimonio. No creo que deba extenderme en memorias personales. Pero puedo decir que como militante socialista nacido en Buenos Aires, como latinoamericano, como escritor, desde 1945 viví esa mitad de siglo en movimientos y organizaciones de la izquierda revoluciona-ria de unos cuantos países del continente: Argentina, Bolivia, Uruguay, Chile, Perú, Cuba, Guatemala, México; y algunos de Europa: Italia, Francia. De todos ellos quedaron mis crónicas escritas. Estuve como preso político en una cárcel mexicana, junto con muchos otros, entre 1966 y 1972. A mi salida fui deportado a Europa. Regresé en 1976 y desde 1982 tengo la nacionalidad mexicana. Desde esos trayectos, esos lugares y esos oficios, he sido testigo y participante. Lo que aquí puedo contar es lo que sigue.

Hay quienes describen a este medio siglo como el tiempo de la llamada «guerra fría». Ven sobre todo un enfrentamiento de poderío militar e industrial entre superpotencias: Estados Unidos y la Unión Soviética, concluido con la victoria de la «democracia» sobre el «comunismo», un enfrentamiento en el cual la humanidad habría sido espectadora antes que actora. Hay quienes piensan, desde la izquierda, que terminó siendo un tiempo de derrotas.

Sin dejarnos enceguecer por la catástrofe en que finalmente se desplomó la Unión Soviética –entrevista por Rosa Luxem-burgo ya en 1918 y anunciada por León Trotsky y sus compa-ñeros al menos desde 1926, cuando todo resabio de democra-cia se había desvanecido–, lo que otros alcanzamos a ver en este medio siglo, también desde la izquierda, es algo muy diferente a una prueba de fuerza militar entre grandes potencias.

Desde la derrota del nazismo y el final de la segunda Gue-rra Mundial, lo que vimos fueron décadas de grandes luchas liberadoras, unas veces con resultados inciertos, otras termina-das en victorias o en derrotas.

Vimos, en apenas tres décadas (1945-1975), la disolución y la caída de los grandes imperios coloniales: el inglés, el francés, el portugués, el belga, el holandés, el japonés, y de esos imperios harapientos que fueron el español y el italiano en África. Vimos la derrota del nazismo y del fascismo. Vimos también la caída del imperio soviético, que empezó con la revolución democrática y socialista de Hungría en 1956 y terminó con la revolución democrática de los pueblos de Europa oriental en 1989. No gue-rras entre las potencias imperiales, sino grandes movimientos de liberación destruyeron desde abajo esos imperios.

Vimos la independencia de la India y el repliegue sucesivo del imperio británico. Vimos la victoria de la revolución china en 1949, la derrota de los ejércitos coloniales y de los señores de la guerra, la reforma agraria desde abajo, la unificación de la mayor nación asiática. Vimos las revoluciones victoriosas de Bolivia, de Cuba, de Nicaragua, en América Latina.

Vimos y vivimos la imborrable derrota de Estados Unidos en Vietnam en 1975 y su bandera rescatada en helicóptero desde el techo de la embajada en Saigón. Vimos Egipto y Suez en 1956, la revolución argelina, la liberación de los países árabes. Vimos 1968, los movimientos de liberación de las mujeres, las rebeliones indígenas. Vimos a Martin Luther King y a Malcolm X, vimos la violencia y las conquistas democráticas de la rebelión negra en Estados Unidos. Vimos desde 1945 en adelante las grandes conquistas de la organización de los trabajadores, desde Estados Unidos hasta Argentina, Brasil y Chile, desde Gran Bretaña hasta Italia y Alemania. Vimos el desplome final del franquismo, al cual no le permitieron prolongar su existencia en el difunto almirante Carrero Blanco.

Vimos las sublevaciones juveniles contra el patriarcado, el mayo francés de 1968, el mayo italiano de 1969, la rebelión estudiantil mexicana de 1968, las gigantescas huelgas argentinas y uruguayas de inicios de los años 70, el socialismo chileno que llevó al gobierno a Salvador Allende. Vimos las revoluciones africanas, la derrota del ejército sudafricano en Angola frente a las fuerzas angoleñas y cubanas, el desplome final del *apartheid*, la victoria de Nelson Mandela.

Vimos construirse un mundo nuevo, un denso entramado de nuevas relaciones entre humanos hecho en la realidad de sus vidas, de sus luchas, de sus múltiples liberaciones de antiguas opresiones, un mundo que dejó atrás las realidades atroces de los imperios coloniales, las dos guerras mundiales, el nazismo, el holocausto judío, los campos de exterminio nazis y los campos de concentración soviéticos.

Sí, es cierto: en América Latina fuimos también testigos de golpes de Estado, dictaduras y represiones en Chile, Argentina, Bolivia, Brasil, Uruguay, Centroamérica y el Caribe, masacres y represiones urbanas y rurales en México, en Perú, en Venezuela, en Colombia. Contamos entre los nuestros muchos presos, muertos, desaparecidos, víctimas de los ejércitos de nuestros países entrenados, armados y coordinados desde el Pentágono, el mismo centro militar desde donde salieron las invasiones contra la República Dominicana, Granada, Panamá y la amenaza militar permanente contra todos.

¿Pero qué? ¿Logró todo esto desmantelar aquel entramado de la vida? ¿Vino tanta historia vivida, tanta densidad de experiencias entrelazadas, a disolverse en las aguas heladas del neoliberalismo? ¿Pudo el libre comercio no regulado desvanecer el patrimonio acumulado de la experiencia humana de una época entera? El solo hecho de plantear la pregunta significa responderla: no.

No hago estas reflexiones para darnos ánimos en los duros tiempos que hoy vivimos. Ánimo sin sustento se desvanece en el aire. Digo sencillamente que a la lógica y la fuerza de la acumulación del capital, la acumulación del trabajo pasado materializado en cosas –armas, maquinarias, artefactos, propiedades, instituciones–, es preciso oponerle la lógica y la fuerza de la acumulación de la experiencia humana, la acumulación de conocimientos, saberes y capacidades intelectuales y organizativas materializada en el trabajo vivo, en el tejido histórico siempre vivo de las relaciones sociales y los lazos afectivos de los cuales E. P. Thompson nos hablaba.

En otras palabras, he querido decir que, como pocas veces en épocas precedentes, hemos recibido de ese medio siglo apenas pasado este entramado denso de experiencia humana universal, de organización, de conquista y vivencia de libertades, de asunción consciente de la propia individualidad y la propia dignidad encarnadas en derechos sancionados en la letra del derecho positivo y protegidos por la conciencia arraigada de que son nuestros y de que ninguno de ellos nos cayó del cielo.

Esta globalización de la experiencia, este entramado global de la vida, no puede ser disuelto por la globalización de los flujos financieros. Más aún: aquella globalización es condición de ésta, y no al revés, del mismo modo que el trabajo es condición de la mercancía y la producción lo es de la circulación.

El presidente Lula ha dicho que su elección no fue sólo el resultado de una votación, sino el producto de una historia. Es verdad. Historia es experiencia acumulada y experiencia es capacidad de organización autónoma, sin la cual ningún poder y ningún gobierno, incluido el de Brasil, puede encontrar apoyo, iniciativa y energía para enfrentar la embestida inevitable y poderosa de la otra globalización, la del capital financiero y el Pentágono.

Las relaciones humanas no se definen por la compra y la venta, y ni siquiera por ese fragmento de tales relaciones que se denomina «economía». La sociedad de libre mercado desregulado, donde todo es reductible a una cantidad dineraria, es una utopía perversa que para imponerse y mantenerse necesita la guerra permanente.

Otro mundo es posible. Las premisas y los conocimientos para una sociedad libre, igualitaria, protectora y solidaria ya han sido creadas. Existen y viven dentro del mundo actual. Ese mundo posible es, para muchos de nosotros, lo que antes y ahora llamamos socialismo, pensado e imaginado desde siempre como una sociedad global y no como una suma de Estados nacionales asociados. Testigos son el *Manifiesto Comunista* y la letra de *La Internacional*.

Los socialistas, sin embargo, somos una minoría. Las grandes poblaciones, los explotados, oprimidos y desposeídos, los que sueñan y necesitan recuperar una sociedad protectora donde sean posibles y complementarias la justicia y la libertad, donde el equilibrio de la realización humana sean el trabajo y el disfrute, la creación y el sueño, esas multitudes no son hoy socialistas. Y sin embargo en cada país y en cada continente ellas son las que detentan la posibilidad del porvenir, las que resisten, las que defienden a las comunidades humanas en su cotidianidad, sus luchas, sus negativas, sus silencios y susurros o sus gritos y pedradas. Esas poblaciones se unen y se mueven, cada vez que lo hacen, no bajo las ideas universales del socialismo, sino en tanto movimientos populares, ciudadanos, nacionales, étnicos, religiosos, sindicales, urbanos, agrarios.

Ésta es también nuestra experiencia vivida en el pasado medio siglo. En América Latina los socialistas revolucionarios, herederos de los sindicalistas, los anarquistas y las luchas agrarias de la primera mitad del siglo XX, herederos de la Revolución mexicana, de la revolución rusa y del marxismo en libertad de José Carlos Mariátegui, hemos estado en cada país frente a tres dilemas planteados por la realidad.

Primer dilema. Cómo participamos los socialistas en la organización y las luchas cotidianas de los movimientos nacionales, no socialistas, de estos pueblos –desde los orígenes del peronismo en Argentina en 1945 hasta el movimiento bolivariano de Hugo Chávez en Venezuela en estos tiempos– sin diluirnos en ellos, como tantas veces sucedió, y sin enfrentarlos como grupos sectarios o simples críticos externos, como otras tantas también aconteció.

Una y otra vez, en Argentina, Brasil, Bolivia, Perú, Venezuela, Guatemala, México, diferentes tendencias han dado respuestas diferentes. La clave parece haber sido participar en las formas organizativas de masas, incluso en las políticas; pero mantener la autonomía del programa socialista, la creación teórica, la transmisión de la experiencia, la recreación política de las respuestas del socialismo en cuanto diferentes del horizonte estrictamente nacional de los programas y las prácticas propios de estos movimientos y, por lo tanto, de su delimitación y su definición en función de los marcos del Estado nacional no es tarea sencilla, pues estos marcos estatales son los que terminan por dar forma y significado a la práctica política y, en nombre de esa práctica y de aquella fusión con los movimientos nacionales, el socialismo termina relegado a algunos libros y folletos en los estantes de arriba de la biblioteca y el nacionalismo estatal, sus razones y sus límites, impuestos por la coerción interna y externa del capital, acaba por convertirse en la forma de pensar, actuar y organizarse de quienes solían considerarse socialistas.

Segundo dilema. Cómo combinar los movimientos sociales, de los cuales se nutre el ideal socialista, con una organización política que sufre la obligada atracción de las formas estatales y tiene que vivir sus episodios electorales, sin que ésta, la organización política, convierta a aquél, el movimiento social, en instrumento, soporte o escalera para ascender a posiciones parlamentarias o administrativas en la jerarquía estatal. Cómo preservar las ideas, la identidad y la dinámica práctica y teórica socialista y anticapitalista, cuando los militantes socialistas, llevados por el movimiento social y nacional y por lo que éste espera de ellos, tienen que entrar en la lógica y la dinámica de la maquinaria administrativa. Es lo que ya en los años 20 Christian Rakovsky reconoció en la Unión Soviética como «los peligros profesionales del poder»: privilegios, canonjías, separación en hábitos y formas de vida, absorción paulatina en la casta autorreproductiva de «los políticos».

No sirven promesas ni recetas morales. Sirven formas de organización y de pensamiento de los socialistas que amarren su actividad política al movimiento social y, sobre todo, a sus modos de existencia, a sus demandas y, sí, a sus angustias y sus carencias, a su rabia contra la opresión y a su desprecio hacia los opresores. Parecería que estoy hablando no sólo de una formación de las ideas sino de una educación de los sentimientos y los modos de vida cotidianos. Sí, también de esa forma de la tenacidad y la lealtad se trata si de socialistas estamos hablando. En México, como en tantos otros países de América Latina, una de las figuras más conocidas de la política es el socialista o el guerrillero convertido naturalmente en político que se dice de izquierda y defiende la estabilidad de la dominación del capital establecida en nombre del Estado y sus instituciones.

Tercer dilema. Cómo mantener el proyecto humano inmemorial de una sociedad protectora, donde no existan soledad ni desamparo ni ruptura con la naturaleza, y al mismo tiempo preservar la libertad individual de cada ser humano, herencia ideal del iluminismo y de los socialismos; cómo preservar el mito y la razón, la comunidad y el individuo. Estos interrogantes van más allá de los horizontes nacionalistas, populares y estatalistas. Pero tocan a la esencia misma del proyecto, el imaginario y los programas de los socialistas.

Cinco grandes avenidas de ideas y de acciones podrían diseñarse:

a) Unificación de los derechos sociales y políticos, individuales y colectivos, de mujeres y hombres, en un único campo unificado de los derechos. Éstos no pueden existir ni subsistir ni ser preservados los unos sin los otros.

b) Protección y extensión del universo de los bienes naturales comunes. El disfrute de esos bienes es un derecho humano. Los *commons*, el patrimonio común, son de todos y no pueden venderse ni enajenarse a los privados. Ese universo es destruido por la expansión incontenida del capital. Para protegerlo no bastan leyes. Son necesarias relaciones sociales que lo preserven.

c) Conformación del ámbito de la política como una expresión parcial dentro de la totalidad de la actividad social y humana. Esta actividad no puede subordinarse a una de sus partes, a la política del Estado o a sus instituciones.

d) Regulación de los mercados, del trabajo y de la propiedad por las leyes y las instituciones de la sociedad global, en cuanto éstas son concebidas como expresión y protección del universo de los derechos comunes de los humanos.

e) Defensa y preservación de la paz, solución pacífica y negociada de las controversias, oposición global y total a las guerras de conquista y anexión, autodeterminación de las naciones, autonomía de las nacionalidades y de los pueblos y comunidades indígenas.

Ninguno de estos horizontes depende de mejores leyes o mejores instituciones, aunque éstas puedan ser un resultado y un requisito necesario. Cada uno de esos cinco puntos se refiere a un conjunto de relaciones en movimiento, a una construcción autónoma de la experiencia humana, a redes de organización independientes de las instituciones estatales y a formas afectivas de comunicación e integración entre seres humanos.

Un ejemplo tal vez ilustre mejor lo que quiero decir.

Entre 1946 y 1951 tuvo lugar en Talangana, en el sudeste de la península de la India, una insurrección de los campesinos y los trabajadores agrarios bajo la dirección del Partido Comunista, que logró algunas conquistas para los pobres del campo antes de ser reprimida por el ejército indio. Años después, en 1993, en un ensayo titulado *The Small Voice of History (La voz pequeña de la historia),* el historiador Ranajit Guha escribió sobre la participación de las mujeres en esa rebelión. A partir de su experiencia en esa lucha ellas descubrieron, cuenta Guha, que el predominio masculino contra el cual se rebelaban estaba también inscrito no en el programa del movimiento que hablaba de la liberación de la mujer, sino en la concepción estatista de la política de la dirección de la insurrección. Sus dirigentes mostraban, dijeron ellas después, una «incapacidad de escuchar lo que las mujeres estaban diciendo». Ranajit Guha continúa:

> No es difícil entender, entonces, por qué la fuerza que las mujeres aportaron al movimiento por su número, su entusiasmo y sus esperanzas, había de producir en él cierta tensión. No era una tensión que pudiera resolverse sin alterar en un sentido fundamental la perspectiva de la lucha tal y como sus dirigentes la habían concebido. La emancipación de las mujeres

era para ellos, simplemente, una cuestión de igualdad de derechos, algo que se alcanzaría mediante reformas. Esta promesa de emancipación mediante las reformas, al inicio había atraído a las mujeres al movimiento. Pero a medida que empezaron a participar en éste más activamente, el mismo ímpetu de su actuación, con sus golpes, sus esfuerzos y sus excesos, hizo imposible que su idea de emancipación se mantuviese dentro de lo que los dirigentes habían establecido. La propia turbulencia sirvió de modelo para un nuevo concepto de emancipación. No bastaba ya con imaginarla como un conjunto de beneficios ganados para las mujeres por el designio y la iniciativa de los hombres. En adelante, la idea de la igualdad de derechos tendería a ir más allá del legalismo para exigir que consistiera en nada menos que la autodeterminación de las mujeres. La emancipación habría de ser un proceso y no un fin y las mujeres debían ser sus autoras antes que sus beneficiarias.

Es lo que vendría a plantear medio siglo después, en 1994, la insurrección campesina de las comunidades y pueblos indígenas zapatistas de Chiapas, en las montañas del sureste mexicano. Es la construcción autónoma de los sujetos en el proceso de la propia experiencia.

Las libertades y conquistas arrancadas y las solidaridades tejidas en las pasadas décadas por cada sector de los subalternos y los oprimidos: las mujeres, los colonizados, los trabajadores, los pueblos de todas las lenguas y todos los colores, los indígenas, las minorías excluidas o discriminadas, no se han disuelto bajo la marea negra del liberalismo. Son un patrimonio común enriquecido y extendido en esas décadas. Medio siglo antes todo era mucho más restringido.

Ese patrimonio no se podrá destruir. Antes que en las leyes o en las organizaciones que el liberalismo logra desmantelar, antes que en las vidas individuales y los bienes que el delirio militar alcance a aniquilar, existe y persistirá en la experiencia humana; es decir, en la historia y en los tiempos nuestros, ajenos a las instituciones estatales y siempre vivos en el sencillo e innumerable mundo de nuestras vidas de cada día.

Erna von der Walde (Bogotá-Londres) es crítica literaria y periodista. Actualmente está terminando una investigación sobre literatura colombiana en la Universidad de Essex.

Lúcio Flávio Pinto (Belém do Pará), periodista y sociólogo, es autor de nueve libros y ha participado en numerosas obras colectivas. Entre los primeros destacan: *Amazônia, o século perdido* (Belém do Pará, 1997), *Hidrelétricas na Amazônia: predestinação, fatalidade ou engôdo* (Belém do Pará, 2002), e *Internacionalização da Amazônia* (Belém, 2002). Ha sido profesor visitante en el Centro de Estudios Latino-Americanos de la Universidad de Florida, en Gainesville, y en el Núcleo de Altos Estudos Amazônicos da Universidade Federal do Pará. Es editor del *Jornal Pessoal*, una revista quincenal que circula desde hace 17 años en Belém do Pará, la ciudad en que vive.

Margarita Serje (Bogotá) es directora del área de estudios sociales del Instituto de Estudios Ambientales (IDEAM), en Colombia. Ha trabajado en la evaluación de los impactos sociales y culturales de los programas de desarrollo en contextos interculturales (Red de Solidaridad, PNUD, WFP), en proyectos de resolución de conflictos (Plan Nacional de Rehabilitación-PNR, Fundación ProSierra-GTZ) y en investigación antropológica (Instituto Colombiano de Antropología, Corpes de la Costa). Es autora de: *Palabras para desarmar: una aproximación crítica al vocabulario del reconocimiento cultural en Colombia* (con R. Pineda y C. Suaza), *Mapa cultural del caribe colombiano* (con G. Rodríguez y E Rey) y *Arquitectura y urbanismo de las ciudades de piedra en la Sierra Nevada de Santa Marta*.

Antònio Risério (Salvador de Bahía) es poeta y antropólogo. Ha participado en la fundación de una televisora y un hospital públicos en Bahía. Muchas de sus canciones han sido grabadas por nombres relevantes de la música brasileña. Es autor de argumentos y guiones para televisión. Ha publicado varios libros, entre ellos *Carnaval Ijexá, Textos e Tribos, Ensaio sobre o Texto Poético em Contexto Digital* y *Uma História da Cidade da Bahia*. También ha formado parte del núcleo de creación y propaganda de la campaña presidencial de Luis Juario da Silva Lula. Es asesor especial del Ministro de Cultura de Brasil.

Alejandro Moreano (Quito) es autor de la novela *El devastado jardín del paraíso*. Ha escrito numerosos ensayos sociales, políticos y literarios: *Ecuador, pasado y presente, Ecuador, presente y futuro, El triunfo del capital, La literatura ecuatoriana en los últimos 30 años, La vieja ciudad recoge sus pasos*, entre otros. Ha sido director de la Escuela de Sociología de la Universidad Central y profesor de la Universidad Central, Universidad Católica y de la Universidad Andina Simón Bolívar (UASB), en el área de Letras y Estudios Culturales. Su último ensayo se titula *El Apocalipsis perpetuo*.

Eduardo Subirats (Princeton) es autor, entre otros, de *Da vanguarda ao pós-moderno* (São Paulo, 1984), *El continente vacío* (México, 1995), *Culturas virtuales* (México, 2001) y *A penúltima visão do paraíso* (São Paulo, 2001).

Adolfo Gilly (México) nació en Buenos Aires en 1928. Es profesor e investigador en la Universidad Nacional Autónoma de México. Sus libros más recientes son *El cardenismo: una utopía mexicana* (Cal y Arena, 1994; Era, 2001), *Chiapas: la razón ardiente* (Era, 1997), *Pasiones cardinales* (Cal y Arena, 2001), *El siglo del relámpago. Siete ensayos sobre el siglo XX* (Ítaca/La Jornada, 2002).

En noviembre de 2002, en Nueva York, Silvia Garza, directora de la Cátedra Alfonso Reyes del Tecnológico de Monterrey, y James Fernández, director del King Juan Carlos I of Spain Center at New York University, apoyaron con entusiasmo mi propuesta de celebrar un encuentro de intelectuales independientes en la ciudad de México para discutir públicamente la situación cultural y social de América Latina bajo la situación histórica impuesta por la Guerra Global. En diciembre del mismo año, en la ciudad de México, Silvia Garza y Consuelo Sáizar, directora del Fondo de Cultura Económica, aceptaron fervorosamente el proyecto de editar las ponencias de este encuentro en forma de libro. Finalmente, el 28 de abril de 2003, este deseado encuentro tuvo lugar en el Tecnológico de Monterrey, campus Ciudad de México, gracias a la generosidad de su rector, Carlos Enrique González. Y fue un impresionante evento mayoritario. A todos ellos expresamos nuestro mayor agradecimiento.

E. S.

ÍNDICE

Este libro se terminó de imprimir y encuadernar
en junio de 2004 en los talleres de Impresora y
Encuadernadora Progreso, S. A. de C. V. (IEPSA),
Calz. San Lorenzo, 244; 09830 México, D. F.
La edición consta de 2 000 ejemplares.